FLAVIO RISSATO

Guia fácil para operar no mercado imobiliário

Compra & Venda, Aluguel, Financiamento, Leilão e Consórcio de Imóveis

Rentabilidades históricas

Fundos imobiliários

Locação por temporada

Apresentação

Olá! Sou Flavio Rissato, engenheiro civil (UFPR), servidor público federal.

Com minhas economias como estagiário de engenharia e depois bolsista na universidade, consegui comprar meu primeiro imóvel num leilão quando eu tinha 23 anos e atuo desde então no mercado imobiliário, comprando imóveis por meio de leilões, vendas diretas, consórcios e financiamentos bancários, mantendo a maioria alugado e vendendo alguns que geram boas oportunidades.

O que começou como uma compra para uso pessoal transformou-se em um meio de investimento sólido e seguro, pois percebi que no médio e longo prazo os imóveis estão entre as melhores oportunidades de negócio no Brasil.

Fico feliz por você estar lendo o livro que escrevi, o qual é um guia fácil para operar e investir no mercado imobiliário, retratando toda a teoria e essa experiência vivida ao longo dos últimos anos.

Não serão abordados aspectos jurídico-legais que envolvam negociação com imóveis, apenas as diversas negociações em si.

Os assuntos do guia vão do básico ao intermediário e a leitura é muito agradável.

Ao final do guia são disponibilizados alguns anexos, que fazem um comparativo entre as taxas históricas de rentabilidade da Selic, do Dólar, de Imóveis, do IPCA e de ações (renda variável), uma análise de carteira ótima com diversos ativos (contendo imóvel), uma análise financeira do pagamento de uma prestação habitacional (financiamento imobiliário bancário) com o aluguel recebido pela disponibilização do imóvel para locação e uma reflexão com as opções de comprar um imóvel à vista ou financiá-lo.

A versão impressa deste guia pode ser adquirida por meio do sítio www.amazon.com, a depender do endereço do leitor.

Como leitura complementar, recomendo acessar nesse sítio (www.amazon.com) os dez volumes que escrevi sobre como operar no mercado financeiro, por meio da série "Guia fácil para operar no mercado financeiro", nicho que também faço investimentos e do qual fazem parte alguns ativos da minha carteira além de imóveis (ações, opções, dólares e títulos públicos).

Espero que aproveite ao máximo o conhecimento aqui consolidado!

Sumário

– Introdução...........6

– O mercado de crédito...........8

– A compra de um imóvel: consideração da situação econômica e da taxa de juros da economia; consideração da localização do imóvel e das suas características, outras considerações sobre o imóvel...........24

- A disponibilização (para locação) de um imóvel comprado e o uso de plataformas específicas para locação de imóveis por temporada...........38

- Comparação entre aplicações financeiras em imóveis e em taxa Selic, frente à inflação...........45

- O leilão de imóveis...........52

- Os tributos envolvidos na compra/venda e locação de um imóvel...........62

- Análise Financeira de um Consórcio de Imóveis...........65

- Noções de Fundos de Investimento Imobiliário (FII), Certificados de Recebíveis Imobiliários (CRI) e Letras de Crédito Imobiliário (LCI)...........75

- Anexo 1: Comparação de rentabilidades históricas: IBOVESPA x SELIC x IMÓVEIS x IPCA...........78

- Anexo 2: percentuais históricos ideais para uma carteira de ativos que contenha investimentos em Selic, Dólar, IPCA, Imóveis e Ações...........83

- Anexo 3: análise financeira do pagamento das prestações do financiamento imobiliário com o aluguel recebido e se é vantajoso financiar um imóvel...........92

- <u>Bibliografia</u>...103

Introdução

O Mercado Imobiliário é aquele onde atuam compradores e vendedores de bens imóveis, como terrenos, casas, apartamentos, salas comerciais, fazendas e outros tipos de imóveis.

Como muitos compradores utilizam os imóveis adquiridos para locação, ou seja, para remuneração pelo capital investido, faz surgir também as relações entre locadores e locatários.

Os participantes desse mercado são pessoas físicas e jurídicas (compradores, vendedores, locadores ou locatários).

Outros agentes têm papéis intermediários no mercado imobiliário, tais como os corretores, os leiloeiros e as instituições de crédito imobiliário.

Os motivos para alguém (pessoa física ou jurídica) adquirir um imóvel são diversos, mas esse tipo de bem, privado ou público, sempre terá como principais finalidades dar abrigo, segurança, lazer e conforto ao seu proprietário/usuário.

Por seu um bem com alto valor agregado, as dúvidas em relação à estabilidade de empregos no país e a falta de crédito impactam bastante na liquidez das negociações, em especial as de compra e venda.

Porém, nosso dia-a-dia se passa praticamente todo em um bem imóvel, logo sempre haverá demanda nesse mercado, mesmo que retraída quando em momentos de crise na economia.

Com a pandemia do Coronavírus, por exemplo, as pessoas passaram a utilizar suas casas para trabalho em *home office*, o que fez com que os bens imóveis comerciais ficassem ociosos e houve uma procura por imóveis residenciais com mais espaço, em especial apartamentos grandes, com varandas, e casas.

Logo, percebe-se que haverá sempre necessidade por um imóvel, mas adequações em relação ao seu tipo deverão ser revistas com o tempo e com a situação da economia e de outros setores.

Nesse guia, em especial, serão comentadas operações imobiliárias de compra e venda de imóveis por meio de leilões e financiamentos bancários, bem como de manutenção de imóveis em carteira para locação, incluindo a opção de disponibilizar o imóvel para hóspedes de temporada, em plataformas como o Airbnb e o Booking.

O foco será em investidores pessoas físicas, principalmente para a questão de crédito imobiliário, mas também serão apresentados estudos de consórcio de imóveis e de fundos imobiliários.

O mercado de crédito

Esse mercado compõe, juntamente com o mercado de capitais, de câmbio e monetário, o mercado financeiro.

Nas instituições bancárias, há linhas de crédito de curto (até 1 ano), médio (de 1 a 5 anos) e longo prazo (mais de 5 anos).

O cheque especial, o cartão de crédito e o empréstimo pessoal são exemplos de linhas de curto prazo para pessoas físicas e, para as pessoas jurídicas, há os financiamentos de capital de giro.

Financiamentos de veículos e de eletrodomésticos podem ser de curto ou médio prazo.

Enquanto um eletrodoméstico pode custar algo em torno de R$ 1.000,00 e um carro popular cerca de R$ 50.000,00, um terreno, uma casa ou um apartamento pode passar de R$ 1 milhão.

Pensando em pessoas físicas, os prazos para pagamento de um bem tão caro acabam passando de 30 anos, em média, para que a prestação do financiamento imobiliário correspondente adeque-se ao salário médio do trabalhador.

Em geral, os bancos exigem que no máximo 30% da renda total comprovada fiquem comprometidos com prestações de financiamentos imobiliários.

Entende-se por essa renda total tanto a soma dos possíveis diversos salários, pensões, comissões, aluguéis, consultorias etc. de uma mesma pessoa quanto a soma de rendas de pessoas diferentes e que queiram comprar o imóvel em conjunto (exemplo: marido e mulher, irmãos ou até amigos).

Em análise aproximada, com as taxas de juros médias históricas cobradas no Brasil e com prazo entre 360 e 420 meses de financiamento imobiliário, se um imóvel custa R$ 100 mil e 20% é entrada (exigida em sua maioria pelos bancos), os R$ 80 mil financiados corresponderão a uma prestação de cerca de R$ 800,00 e exigirão uma renda total de quase R$ 2.700,00/mês.

Essa conta é aproximada, mas fornece uma ideia da renda mensal necessária de acordo com o saldo imobiliário a financiar ou o que é possível financiar levando-se em conta as remunerações do comprador.

Detalhando melhor a conta, na média histórica, a prestação mensal de um empréstimo imobiliário é cerca de 1% do valor financiado. Como os bancos permitem que a prestação mensal máxima seja de 30% da renda mensal total comprovada, para se chegar à renda necessária, basta dividir o valor da prestação imobiliária por 0,30.

A fórmula para encontrar a renda mensal total aproximada (média histórica), com base no valor financiado, é:

RENDA MENSAL $\approx$ VALOR FINANCIADO x (0,01/0,30)

ou

RENDA MENSAL $\approx$ VALOR FINANCIADO x 0,0333

E a fórmula para saber qual é o valor aproximado (média histórica) que pode ser financiado de acordo com a renda mensal total comprovada é:

VALOR FINANCIADO ≈ RENDA MENSAL x 30

Para exemplificar, considerando um imóvel de R$ 500 mil, com pagamento (entrada) de 20%, ou seja, de R$ 100 mil, restando R$ 400 mil para financiar, a renda mensal total comprovada deve ser de aproximadamente:

RENDA MENSAL ≈ R$ 400 mil x 0,0333

RENDA MENSAL ≈ R$ 13.320,00

Ou o contrário, se, com base na renda mensal de R$ 13.320,00, quanto se poderia financiar? A resposta é:

VALOR FINANCIADO ≈ R$ 13.320,00 x 30

VALOR FINANCIADO ≈ R$ 400 mil

E o valor da prestação inicial (média histórica) será de aproximadamente R$ 4.000,00/mês, que corresponde a 1% do saldo devedor.

No Brasil, há subsídio nas taxas de financiamento para pessoas físicas a fim de promover a compra de imóveis com a finalidade de habitação (residencial).

Além disso, a concorrência entre as principais instituições bancárias favorece a queda ou a manutenção dessas taxas.

Os juros (nominais) cobrados no Brasil para financiamento imobiliário, em história mais recente, variaram entre 6,25% a.a. (mais correção do saldo devedor pela Taxa Referencial (T.R.)) e 11,90% a.a. (+ T.R.), sendo o mínimo praticado em meados de 2020/2021.

A Taxa Referencial (T.R.) foi criada com o intuito de ser uma taxa básica referencial dos juros a serem praticados no mês iniciado e não como um índice que refletisse a inflação do mês anterior. Na época em que foi criada (Governo Collor, 1991), refletia a média das remunerações futuras dos títulos federais e privados e, com isso, esperava-se que a remuneração refletisse as expectativas futuras de queda na inflação, tentando-se eliminar a memória inflacionária. A T.R. interfere em valores de títulos públicos, do FGTS (Fundo de Garantia do Tempo de Serviço) e da Caderneta de Poupança, além dos financiamentos imobiliários.

O FGTS é um fundo criado com o objetivo de proteger o trabalhador que for demitido sem justa causa. Os valores são depositados pelo empregador e acumula para o funcionário cerca de 1 salário bruto por ano trabalhado.

Em março de 2021, momento em que a primeira versão desse livro foi lançada, as taxas nominais mínimas praticadas pelas principais instituições bancárias, atreladas à TR, eram:

Banco	Taxa Nominal (a.a.)
Caixa Econômica Federal	6,25%
Bradesco	6,70%
Itaú	6,90%
Santander	6,99%
Banco do Brasil	7,95%
Média aritmética	**6,96%**

Fonte: MelhorTaxa

Nesse momento, o Banco Central (Bacen) tinha acabado de elevar a taxa básica de juros da economia (Selic) de 2,00% a.a. para 2,75% a.a., taxa essa que vinha em decadência desde 2015. Mas isso não foi refletido de imediato nas taxas de empréstimo imobiliário praticadas pelos bancos, por causa da concorrência e porque as taxas de longo prazo "suavizaram-se".

Para se conseguir as taxas mínimas, o prazo de financiamento deve ser curto e/ou a entrada deve ser

11

superior ao mínimo exigido e/ou se deve ter "relacionamento" com o banco.

Na Caixa e no Santander, por exemplo, deve-se ter uma cesta de serviços com cerca de três produtos entre cartão de crédito, cheque especial, poupança e algum seguro, além de receber o salário pela instituição bancária (ou que esse seja portado para lá). Na Caixa, sendo servidor público, as taxas reduzem ainda mais. Já nos demais bancos, é suficiente enquadrar-se nas condições de renda necessárias.

As taxas maiores são aquelas ditas de balcão, quando o comprador não adquire nenhum produto comercial vendido pelo banco, como cheque especial, cartão de crédito e título de capitalização e/ou não tem aplicações financeiras no banco.

Quando considerado o período de capitalização, os juros efetivos, em história mais recente, ficaram entre 6,43% a.a. (+ T.R.) e 12,57% a.a. (+T.R.), o que daria algo perto de 9,50% a.a. em ponto médio.

Já se levando em conta outras taxas e os seguros exigidos, a variação em história mais recente fica entre cerca de 7,00% a.a. (+ T.R.) e 13,00% a.a. (+T.R.), que são os custos efetivos totais (e esses é que devem ser levados em conta na hora de se contratar um financiamento imobiliário).

O prazo máximo para pagamento é de 35 anos (420 meses) na maioria dos bancos, desde que a idade do comprador somada ao tempo de contrato seja de no máximo 80 anos. Logo, o comprador no momento da contratação teria de ter até 45 anos para conseguir um financiamento com o prazo máximo (35 anos).

O sistema de amortização pode ser o Sistema de Amortização Constante (SAC) ou o Sistema Francês (PRICE), a critério do cliente.

No SAC, as prestações são maiores no início e vão decrescendo com o passar do tempo. Como a amortização da dívida é maior, economiza-se em média 10% em relação ao sistema PRICE.

No sistema PRICE, a prestação é constante. O seu benefício é fornecer uma parcela inicial bem menor, o que permite o enquadramento de rendas mensais que não seriam aceitas se fosse adotado o SAC. Porém, se o comprador puder suportar o pagamento de uma prestação maior no início do contrato, adotando o SAC, será mais vantajoso para ele.

O que muita vezes inviabiliza a contratação pelo sistema PRICE é que, enquanto os bancos em geral financiam cerca de 80% do valor de um imóvel e por um prazo de até 35 anos se adotado o SAC, apenas 50% do valor do bem é financiado e por um prazo de até 20 anos se adotado o sistema PRICE (em alguns bancos).

Uma simulação pelo site da Caixa Econômica Federal, em 24/03/2021, quando a taxa nominal enquadrou-se em 7,01% a.a. e a efetiva em 7,25%, para a compra de um imóvel residencial novo, em Brasília/DF, por R$ 500 mil, para pagamento em 420 meses pelo sistema SAC, com relacionamento, resultou na exigência de entrada de 20% do valor do imóvel, ou seja, de R$ 100 mil, e de financiamento do saldo devedor de R$ 400 mil em prestações mensais decrescentes que começavam em R$ 3.451,04 pela seguradora com melhor benefício.

No SAC, cerca de 2/3 do valor das prestações iniciais são para pagamentos de taxas, seguros e juros enquanto que apenas aproximadamente 1/3 é amortização.

Logo, nessa simulação, da prestação de R$ 3.451,04, apenas cerca de R$ 1.150,00 (em média) é amortização. O restante (em média) é praticamente todo devido a juros, seguros e outras taxas.

Se optar pelo sistema de amortização PRICE, o valor exigido de entrada é também de 80% do valor do imóvel, ou seja, R$ 100 mil, mas o prazo máximo para pagamento passa a ser de 360 meses (30 anos). A prestação nesse caso cai para R$ 2.825,26 para a seguradora mais barata.

Ao longo do tempo, não só as taxas vão se alterando. As exigências também. Essa mesma simulação, feita pelo site da Caixa Econômica Federal, há quase dois anos, quando a taxa nominal estava em 8,40% a.a., para a compra de um imóvel residencial novo, em Brasília/DF, por R$ 500 mil, para pagamento em 420 meses pelo sistema SAC, com relacionamento, resultou na exigência de entrada de 20% do valor do imóvel, ou seja, de R$ 100 mil, e de financiamento do saldo devedor de R$ 400 mil em prestações mensais decrescentes que começavam em R$ 3.916,97 pela seguradora com melhor benefício.

Se optasse pelo sistema de amortização PRICE, o valor exigido de entrada era de 50% do valor do imóvel, ou seja, R$ 250 mil, e o prazo máximo para pagamento era de 240 meses (20 anos). A prestação nesse caso caía para R$ 2.277,50 para a seguradora mais barata.

As prestações imobiliárias são corrigidas mensalmente por causa da atualização do saldo devedor pela Taxa Referencial (T.R.).

Todavia, essa taxa tem um valor percentual muito pequeno historicamente, ainda mais em momentos de inflação controlada.

Com a Selic abaixo de 8,50% a.a., a T.R. fica zerada. Em 2017, foi 0,60% a.a. e, em 2018, foi de 0,00% a.a., mantendo-se assim até meados de 2021, visto a Selic encontrar-se no valor de 2,75% a.a. (< 8,50% a.a.).

A Caixa tem outras opções de financiamento, atreladas à correção da poupança, do IPCA ou com taxa fixa. Para o mesmo imóvel exemplificado anteriormente, os valores para financiamento corrigidos pela poupança (Crédito Imobiliário Poupança Caixa) passam a ser:

- taxa nominal de 4,84% a.a. e a efetiva em 4,95% (para a compra de um imóvel residencial novo, em Brasília/DF, por R$ 500 mil, para pagamento em 420 meses pelo sistema SAC, com relacionamento)

- exigência de entrada de 20% do valor do imóvel, ou seja, de R$ 100 mil;

- financiamento do saldo devedor de R$ 400 mil em prestações mensais decrescentes que começavam em R$ 2.724,84 (mar/2021) pela seguradora com melhor benefício.

No momento da simulação (março 2021), a poupança estava rendendo 1,92% a.a. Ou seja, em soma simples das taxas, apenas para se ter uma ideia da magnitude do seu valor, a taxa nominal do financiamento para essa opção seria de cerca de 6,76% a.a. e a efetiva de 6,87% a.a.

Para taxa corrigida pelo IPCA (em sistema SAC), os valores em março 2021 eram de 3,88% a.a. (nominal) e 3,95% a.a. (efetiva), sendo a prestação inicial de R$ 2.563,27 (prazo de 360 meses – máximo), para o saldo devedor de R$ 400 mil.

Em 2020, o IPCA fechou em 4,52% a.a. Ou seja, em soma simples das taxas, apenas para se ter uma ideia da magnitude do seu valor, a taxa nominal do financiamento para essa opção seria de cerca de 8,40% a.a. e a efetiva de 8,47% a.a.

Para taxa de financiamento fixa (em sistema SAC), ou seja, sem correção alguma, os valores em março 2021 eram de 8,87% a.a. (nominal) e 9,25% a.a. (efetiva), sendo a prestação inicial de R$ 4.229,73 (prazo de 360 meses – máximo), para o saldo devedor de R$ 400 mil.

Há as mesmas opções para o Sistema Price e os valores e prazos máximos podem ser consultados na simulação disponível pela Caixa no seu sítio. Os demais bancos apresentam produtos similares e vale a pena consultá-los em momentos de concorrência entre as instituições.

Qual é a melhor opção para cada pessoa ou situação é uma decisão muito particular. Deve-se ter uma boa previsão da economia do país durante o prazo do financiamento para se fazer a melhor escolha, pois os valores de inflação (IPCA) e da Selic (que impacta no valor da poupança) podem variar muito em prazo tão longínquo, apesar de os produtos a elas atrelados fornecerem as menores parcelas fixas da taxa total do financiamento.

O que pode ser indicado para quem resolver optar por um financiamento com correção atrelada ao IPCA ou à poupança é que todos os meses amortize a diferença do valor da prestação para a opção de correção pela TR. Isso pode ajudar a reduzir o impacto de uma situação pontual em que a inflação dispare, aumentando IPCA e Selic.

Exemplo: dos dados anteriores da compra do imóvel, a prestação inicial para correção pela TR era de R$ 3.451,04 (SAC – 420 meses) e para a correção pela poupança era de R$ 2.724,84 (SAC – 360 meses), o que resulta numa diferença mensal de R$ 726,20 que pode ser amortizada em todos os vencimentos. Apesar de haver diferença no prazo em meses (360 x 420), o valor a ser amortizado não mudaria muito e seria próximo a isso, caso os prazos fossem iguais. A diferença exata pode ser obtida por meio das devidas simulações no sítio da Caixa, ficando aqui apenas uma ideia da magnitude das amortizações, que seria algo um pouco acima de R$ 700,00.

Já quem "trava" a taxa, no caso do exemplo em 8,87% a.a. (nominal) e 9,25% a.a. (efetiva), com prestação inicial de R$ 4.229,73(SAC – 360 meses), não estará sujeito às oscilações da economia do país ao longo do prazo do financiamento e se beneficiará nos casos em que a inflação e a Selic aumentarem demasiadamente. Para essa situação, vale acreditar que a economia não passará por bons momentos em grande parte do contrato.

Os seguros pagos no financiamento imobiliário cobrem danos físicos ao imóvel e os casos de morte ou invalidez permanente do comprador.

Então, se algum gerente vier a oferecer seguro para o imóvel contra isso, recuse, visto que esse serviço já está contratado no financiamento.

Ainda, se for considerar que uma eventual morte ou invalidez do comprador quita o saldo devedor, não é necessário nem ter um seguro de vida extra em benefício de herdeiros para um montante similar ao valor financiado, se esse tipo de produto for de interesse paralelo do interessado. A diferença seria que o(s) herdeiro(s) receberia(m) como "prêmio" um bem de baixa liquidez, em vez de dinheiro à vista.

Claro que ao longo dos anos o saldo devedor vai diminuindo e, portanto, o "prêmio" atrelado reduziria da mesma forma com a morte ou invalidez do comprador do imóvel. Nesse ponto, vale a pena considerar a contratação de um seguro de vida que complementasse a diferença desejada, se esse tipo de produto for atraente, lógico.

Em geral, cerca de 5% do valor da prestação é para o pagamento dos seguros. De praxe, os bancos cobram também R$ 25,00 mensais como taxa de administração do contrato de financiamento.

Alguns bancos financiam as despesas com ITBI e cartorárias, desde que não excedam cerca de 5% do valor financiado.

A alíquota de ITBI (imposto municipal) é da ordem de 3,5% do valor do imóvel (em alguns municípios pode ser diferente). As taxas cartorárias giram em torno de R$ 1.500,00 por imóvel escriturado/registrado.

Os bancos cobram taxas de análise jurídica e de avaliação do imóvel, que, somadas, variam entre R$ 3 mil a R$ 5 mil, e também podem ser financiadas.

Porém, as despesas com ITBI, cartório, análise jurídica e avaliação do imóvel devem estar "por dentro" do valor máximo que pode ser financiado, ou seja, se o imóvel vale R$ 500 mil e só pode financiar 80% disso (R$ 400 mil), o saldo devedor deve ser inferior a R$ 400 mil em uma quantia que considere esses valores.

Servidores públicos, que têm estabilidade no emprego, são os que conseguem as menores taxas, mas, para quem tem conta de FGTS, esse saldo pode ser utilizado e, ainda, a depender de algumas condições, pode-se adquirir linhas de financiamento chamadas "pró-cotistas", que têm taxas até inferiores às mencionadas anteriormente.

Há incorporadoras que constroem prédios (apartamentos) ou casas e elas próprias financiam o saldo devedor do imóvel vendido aos seus clientes.

Apesar de as taxas de juros cobradas por elas serem próximas às praticadas pelos grandes bancos comerciais do Brasil, os índices de correção são bem maiores que a

T.R., pois muitas das vezes é utilizado o Índice Nacional de Preços ao Consumidor Amplo (IPCA/IBGE) como fator atualizador do saldo devedor.

Ainda, geralmente é adotado o sistema PRICE e o prazo para pagamento é de no máximo 20 anos.

Financiar diretamente com a incorporadora pode ser uma solução momentânea quando não se consegue crédito em uma instituição bancária brasileira tradicional, pois depois é possível fazer a portabilidade do saldo devedor.

A falta de crédito nem sempre é por causa do limite da renda do comprador ou por causa de alguma outra restrição cadastral. Às vezes, é devida pela burocracia do banco ou até pela falta de dinheiro da própria instituição.

Entre 2015 e 2017, a Caixa Econômica Federal, uma das maiores concedentes de crédito imobiliário do país, teve dificuldade para ofertar dinheiro na modalidade de crédito imobiliário.

Entretanto, algumas considerações devem ser feitas antes de se pensar em fazer uma portabilidade.

O principal motivo é que o custo efetivo total do banco para onde será feita a portabilidade seja mais baixo que o do atual contrato e que o índice de correção do saldo devedor seja o mesmo.

Aliás, aqui é importante destacar que sempre o que deve ser comparado é o custo efetivo total e nunca as taxas efetivas ou nominais.

Às vezes, um banco tem uma taxa nominal mais baixa, mas o seguro por ele cobrado é mais alto e/ou as condições de manutenção de conta bancária são mais caras e isso aumenta o custo efetivo total do contrato de financiamento.

Voltando então à questão de se contratar um financiamento diretamente com a incorporadora pensando em futuramente fazer uma portabilidade para uma instituição de crédito tradicional que tenha boa proposta de custo efetivo total, alguns alertas são devidos:

- se a incorporadora não tiver no seu contrato/estatuto social condições legais para atuar de forma equivalente a uma instituição financeira, alguns bancos não aceitam a portabilidade (recomenda-se pesquisar antes se os bancos tradicionais consideram essa incorporadora capaz de operar como uma instituição financeira);

- geralmente as incorporadoras adotam sistema PRICE e prazo de até 20 anos para liquidação nos seus contratos, todavia nem sistema de amortização nem prazo podem ser alterados em uma portabilidade (logo, se o seu saldo devedor estiver muito acima dos 50% limitados por alguns bancos ao se adotar o sistema PRICE, não valeria a pena, pois teria de quitar a diferença antes de entrar com o processo de portabilidade);

- alguns bancos tradicionais podem não trabalhar com o sistema PRICE em algum momento;

- as taxas de juros anunciadas nos portais dos bancos tradicionais não são as mesmas para portabilidade, que geralmente são iguais às taxas de balcão (deve-se confirmar se a taxa aparentemente vantajosa anunciada no site do banco é também aplicada para portabilidade);

- na portabilidade, os bancos cobrarão as taxas de análise jurídica e de avaliação do imóvel, que, somadas, variam entre R$ 3 mil a R$ 5 mil; ainda, haverá as taxas cartorárias, que giram em torno de R$ 1.500,00;

- a redução na taxa de juros, por menor que seja, geralmente tem um impacto razoável no valor presente do contrato, mas se deve analisar se essa redução é maior do que essas taxas bancárias e cartorárias, que, somadas, variarão entre R$ 4.500,00 a R$ 6.500,00;

- para um saldo devedor de R$ 400 mil e 360 prestações pendentes (SAC), uma redução de 10,00% a.a. para 9,80% a.a. na taxa efetiva total, por exemplo, reduziria o valor presente das prestações vincendas em torno de R$ 6.500,00, logo, uma redução extra da ordem de 0,20% a.a. já valeria a pena para um imóvel com essas condições (para outros valores de saldo devedor, pode-se de forma simplificada fazer uma proporção nas contas da análise);

- deve-se ter o cuidado para os custos extras cobrados pelos bancos que aceitam a portabilidade, como a cobrança de mensalidade por contas especiais, que é exigido por eles para se obter taxa de juros mais barata; portanto, do exemplo dado, se for conseguido uma redução de pelo menos 0,20% a.a. na taxa de juros (de 10,00 a.a. para 9,80% a.a.), mas o novo banco cobrar tarifa mensal de conta especial por valor superior ao que vinha sendo pago na instituição de crédito anterior, talvez não valeria a pena a portabilidade, pois essa tarifa mensal deve entrar no custo efetivo total, aumentando-o (a não ser que o pacote de serviços seja atraente e necessário para o interessado utilizá-lo em outras demandas que, se fossem feitas avulsas, somariam mais que o seu valor).

A compra de um imóvel

A compra de um imóvel sem levar em conta questões de rentabilidade, é uma opção pessoal de cada um.

Algumas pessoas, físicas ou jurídicas, optam por ter como próprio ao menos o imóvel de moradia (físicas) ou o de atividades comerciais/industriais (jurídicas), sem se preocupar com a questão da valorização, pois apenas desejam ter autonomia para atuarem no bem da forma que quiserem, dentro dos ditames legais.

Há também aquelas pessoas que, por tradição de família, costumam "colecionar" imóveis, ou seja, terem até mais do que o da própria moradia, alugando os excedentes, por considerarem um investimento sólido e até rentável, segundo eles.

Na contramão, existem pessoas físicas ou jurídicas que consideram a compra de um imóvel um investimento que afasta oportunidade de ganhos em outros mercados considerados por eles mais rentáveis ou impede de ter em mãos caixa para giro de atividades essenciais. Assim, preferem alugar o imóvel onde moram ou a fábrica onde produzem e direcionarem qualquer valor considerável que tenham para outros fins.

Mas afinal, quem tem razão (ou está menos errado)?

Não há uma resposta se alguém está certo ou errado, pois isso depende das convicções e informações que cada um tem.

Hoje inclusive existem incorporadoras que, em vez de construírem prédios residenciais para venderem as unidades, estão construindo para as alugarem, o que vai de encontro ao que comumente acontecia.

Logo, o que será mostrado a seguir é em que momentos o mercado imobiliário costuma dar sinal de recuperação e valorização, bem como o que considerar nas características do imóvel e da sua localização na hora de comprá-lo.

Consideração da situação econômica e da taxa de juros da economia

O mercado imobiliário costuma dar sinal de recuperação quando a economia do país está saudável e o seu nível de crescimento é robusto.

Dessa forma, há redução na taxa de desemprego e as famílias se sentem mais seguras em assumirem compromissos financeiros de longo prazo.

Junto a isso, o mercado de crédito deve estar aquecido e com baixas taxas de juros para o financiamento habitacional, porque devido ao alto valor comercial de um bem imóvel, é muito mais comum que a sua compra seja feita pelo uso de crédito imobiliário do que pagamento à vista.

Outro fator que tem influenciado o aquecimento do mercado imobiliário é quando a taxa de juros da economia (Selic) está baixa.

Historicamente, o Brasil sempre teve taxa Selic com valores em patamares superiores a 15% a.a., o que sempre beneficiou aplicações em renda fixa, como nos

Certificados de Depósito Interbancário (CDI) ou nos títulos públicos.

Se compararmos a evolução da variação dos índices FipeZap de compra/venda e locação de imóveis (resultados de uma parceria formada entre a Fipe e o portal ZAP), no endereço https://www.fipe.org.br/pt-br/indices/fipezap#indice-fipezap-historico, entre 2012 e 2018, veremos que o CDI tem se mostrado mais vantajoso historicamente (nesse período).

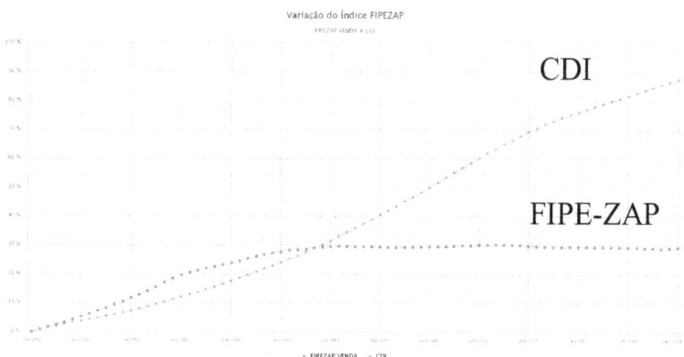

Esse gráfico compara as variações do índice FipeZap VENDA (de imóveis) e do CDI, com data de referência jun/2012.

Para o índice imobiliário, foram considerados os preços de venda de todos os imóveis, independente da quantidade de dormitórios, a nível nacional.

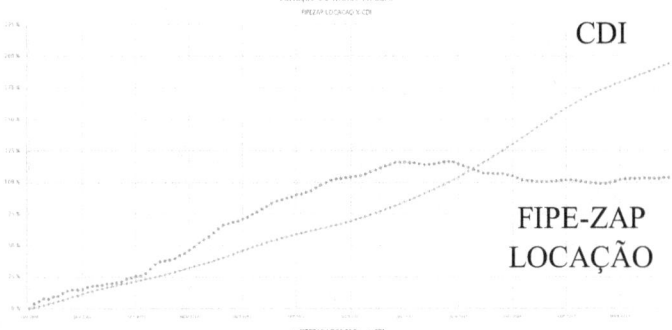

CDI

FIPE-ZAP
LOCAÇÃO

FIPEZAP LOCAÇÃO   CDI

Esse gráfico compara as variações do índice FipeZap LOCAÇÃO (de imóveis) e do CDI, com data de referência fev/2008.

Para o índice imobiliário, foram considerados os preços de locação de todos os imóveis, independente da quantidade de dormitórios, a nível nacional.

A partir de 2014, o país passou por uma série crise econômica, o que desestimulou o mercado como um todo, incluindo o de imóveis.

Muitas construtoras deixaram de lançar imóveis entre 2014 e 2019, pois não conseguiam se desfazer dos seus estoques.

Passado o pior da crise e com o mercado de crédito em ascensão, os preços dos imóveis vêm em uma lenta recuperação, ao menos acompanhando a inflação, mas ainda não atingiram patamares satisfatórios.

A taxa Selic, que estava em 14,25% a.a. em ago/2016, estagnou em 6,5% a.a. entre 2018 e 2019 e depois caiu gradualmente ao patamar mínimo histórico de 2,00% a.a. no segundo semestre de 2020, aumentando para 2,75%

a.a. em mar/2021 e tendente a fechar 2021 próxima a 5,00% a.a. Logo, aplicações em CDI não vêm tendo as altas rentabilidades de dois dígitos do passado e os investidores estão considerando o aumento da participação de imóveis em seus portfólios, além de ações (renda variável), desde o início de 2019.

Ainda, o fato de haver concorrência entre os bancos, somado às intervenções do Bacen que "suavizam" as taxas de longo prazo da curva de juros, permitirão a manutenção de boas taxas de financiamento imobiliário por um tempo considerável, o que aquece as negociações com imóveis.

Vale a pena observar, entretanto, que, em momentos nos quais a taxa básica da economia passa a patamares próximos ou acima de dois dígitos, o mercado imobiliário geralmente desaquece, visto ser mais cômodo e líquido aplicar em renda fixa e por que a tomada de crédito fica prejudicada para todos.

Sobre as intervenções do Bacen, sua intervenção "acalma os nervos" do investidor de médio/longo prazo em momentos ruins de expectativa de inflação, que costuma pedir mais prêmio nos juros mais longos. Como os juros de longo prazo são importantes para a definição das taxas de financiamento imobiliário (que duram cerca de 30 anos), a atuação do Bacen faz esses juros longos caírem. Isso pode ser acompanhado pelas negociações de contratos de DI de juros futuros na bolsa de valores do Brasil, a B3 (www.b3.com.br) e que é ensinado no "Guia fácil para operar no mercado financeiro: Derivativos – Futuros, Termos e Swaps", em:

https://www.amazon.com.br/dp/B08ZC4WJ6V.

Noções sobre macroeconomia e sobre juros nominais e efetivos, comentados anteriormente, também podem ser mais bem avaliados no "Guia fácil para operar no mercado financeiro: Tópicos sobre Cenários Macroeconômicos" e no "Guia fácil para operar no mercado financeiro: Cálculo Financeiro das Tesourarias – Renda Fixa", respectivamente em:

https://www.amazon.com.br/dp/B08XW494Y8   e
https://www.amazon.com.br/dp/B08ZJXGPFG.

Consideração da localização do imóvel e das suas características

Comprar um imóvel bem localizado e com boas condições de segurança, conforto e acabamento podem garantir ao comprador sucesso em caso de uma eventual revenda ou locação, mesmo que em períodos incertos da economia e do crédito.

Por mais recessivo que esteja o mercado imobiliário, sempre haverá demanda por algum tipo de imóvel e, portanto, as opções melhores qualificadas terão liquidez de negociação e até chances de gerarem lucros.

Portanto, mesmo que um comprador esteja pensando no imóvel apenas como um bem de uso, sem se preocupar com a sua valorização, é sempre recomendado que se busque empreendimentos com um mínimo de segurança, lazer, praticidade e conforto.

Algumas características das imediações e do imóvel em si podem não ser valorizadas por alguns, a depender das faixas etárias e de renda e/ou do local, mas na maioria dos casos podem ser considerados bons investimentos aqueles imóveis que reúnem o listado a seguir.

Em relação ao **local**, são mais procurados os imóveis que têm nas proximidades, por exemplo:

- mercados, padarias, escolas, hospitais, farmácias, bancos, shoppings, restaurantes, parques e ciclovias;

- transporte público (metrô, ônibus), iluminação pública, calçamento e asfalto; e

- policiamento.

Se for para moradia, o ideal é que o imóvel não esteja localizado ao lado desses pontos, mas em no máximo alguns poucos quarteirões ou próximo a alguma via local de acesso direto, para que o barulho de ambientes movimentados não incomode em momentos de descanso.

É muito importante que o bairro esteja bem servido de todos os serviços públicos concessionários, como de fornecimento de água, energia elétrica, gás residencial, telefonia e dados, bem como de coleta de águas pluviais e de esgoto.

Imóveis localizados em bairros por onde passam rodovias ou linhas de trens logísticos são desvalorizados, por causa do barulho causado.

Se pertos de pontos de prostituição e drogas, favelas não pacificadas, lixões ou postos de gasolina, também são evitados por compradores em geral.

É muito difícil encontrar um imóvel que atenda a todas essas e outras possíveis características, então como itens realmente essenciais das proximidades estão: transporte público, asfalto, calçadas, serviços públicos concessionários bem prestados, policiamento, mercado básico para o dia-a-dia e que não haja muito barulho.

Em relação ao **imóvel** em si, o que é muito importante para um bom negócio é que ele tenha (ou esteja):

- pelo menos uma vaga de garagem (atualmente, imóveis com duas ou mais vagas são mais valorizados);

- elevador e portaria 24h, se estiver em um prédio;

- em andar alto, caso a rua à frente seja movimentada (nesse caso, do 6° andar para cima) e não exista vidro duplo nas janelas (os vidros duplos isolam o som);

- em posição solar leste/nascente (essa posição atende a quase todas as regiões na questão de bom conforto térmico);

- taxa condominial barata (no máximo R$ 10,00/m² de área privativa);

- boa iluminação e ventilação, estrutura (lajes, vigas e pilares) e impermeabilização em perfeitas condições;

- infraestrutura de lazer (desejável): piscina, sauna, academia, brinquedoteca, quadra de esportes, churrasqueira, salão de festas e sala de jogos; e

- câmeras de segurança e cercas eletrificadas.

Algumas observações sobre o que foi listado anteriormente dizendo respeito à posição solar do imóvel, à portaria 24h e à questão técnica estrutural e de impermeabilização precisam ser feitas.

- Posição solar:

Para regiões frias, como no sul do Brasil, o ideal é que a face do imóvel onde se situam as áreas mais íntimas, como quartos e salas, fique voltada para o sentido norte, pois essa direção trará a maior incidência solar nesses pontos. Em regiões quentes, desde que secas, como a região centro-oeste do Brasil, a face voltada para o sentido sul, conhecida como "face fria" é uma boa opção, porque incide menos sol durante o ano. A face oeste (poente) deve ser evitada em regiões quentes, porque os raios solares incidem cada vez mais baixos do meio da tarde para o início da noite e penetram por quase todo o imóvel, deixando-o muito quente por uma boa parte do dia.

Deve-se evitar ter um imóvel voltado para o sentido sul em regiões úmidas, senão os armários e paredes podem ficar mofados.

- Portaria 24h:

A portaria 24h é um quesito de segurança para os moradores de um imóvel, todavia é na mão de obra que está o maior custo condominial (tem-se nesse caso de contratar ao menos três porteiros).

Contudo, as pessoas têm se mostrado mais preocupadas com a segurança, mesmo que por isso tenham de pagar um pouco mais na taxa condominial.

Logo, esse item valoriza o imóvel.

- As questões técnicas estruturais e de impermeabilização:

Problemas de ordem estrutural e de impermeabilização inviabilizam a compra de um imóvel, porque além de comprometerem a segurança, seus reparos são muito caros, invasivos e às vezes não efetivos.

Problemas com pintura, acabamento e armários velhos assustam muitas pessoas, por causa do impacto visual, mas esses são os menores e mais baratos problemas.

Um problema, por exemplo, de infiltração em uma viga baldrame de uma casa (que é a viga que fica em contato com o solo) traz muitos problemas, como mofo nas paredes, e a solução mais eficaz é ter de escavar e impermeabilizar a viga, o que interdita praticamente toda a casa.

Uma infiltração na laje superior de uma edificação ou nas pastilhas de uma fachada também são problemas caros e trabalhosos de resolver.

Entretanto, um problema estrutural é o mais grave, afinal afeta a segurança da edificação e o seu reparo ou exige soluções caras e muito invasivas ou exige que seja tudo refeito.

Em geral, problemas estruturais não são devidos por erros de cálculo do projetista, mas sim por erros de execução, nos quais dimensões, posições, quantidades e/ou tipos de materiais são aplicados em desconformidade com o projeto.

O mau uso e a falta de manutenção também podem afetar a estrutura de uma edificação.

Para um laudo correto de eventuais problemas estruturais em uma edificação, um engenheiro civil deveria ser contratado.

Uma avaliação simples que pode ser realizada é observar se, o imóvel for antigo e não tiverem trincas aparentes, possivelmente é uma construção sólida, que vem resistindo bem ao tempo, inclusive com os recalques diferenciais das fundações já consolidados.

Fissuras diagonais que escapam das quinas de janelas e portas não são necessariamente problemas estruturais.

Estão mais ligadas à qualidade da construção, visto que provavelmente não foi concretado um vigote logo abaixo e/ou acima da janela ou da porta que transpassasse seu comprimento nos dois lados. Para edificações antigas, com mais de 20 anos, é até aceitável, mas para as novas não. Pode ser um indicativo de má qualidade total do empreendimento.

Fissuras nas paredes correspondem na maioria dos casos ao assentamento da edificação no solo de forma desigual, o que acontece nos primeiros anos após o término da obra, mas que se estabiliza com o tempo e permite reparos simples.

Falando em qualidade, o que não se aceita mais nos atuais empreendimentos é falta de aterramento, cuja execução pode ser checada pela existência do terceiro buraco nas tomadas elétricas e o correspondente terceiro fio elétrico.

Outras considerações sobre o imóvel

Não há uma regra certa para a quantidade de quartos e os tipos de ambientes ideais em um imóvel que mais o valorizem.

Hoje há muitas pessoas morando sozinhas e a maioria dos casais têm apenas 1 ou 2 filhos, logo, tradicionalmente, a procura por quitinetes e apartamentos de 1 e 2 quartos é grande e os lançamentos são em sua maior parte para atender a esse público, mas isso não impede a demanda pelos demais empreendimentos (com mais quartos), haja vista que existem famílias grandes ou que querem mais espaço.

A pandemia provocada pelo Coronavírus, que colocou muitas pessoas para conviverem a maior parte do dia em casa, fez aumentar a procura por imóveis mais espaçosos, como apartamentos com 3 quartos ou mais, com varanda, e casas com quintal.

As questões de a cozinha estar aberta para a sala, ou a lavanderia estar ou não isolada, ou existir varanda com churrasqueira no apartamento, ou todos os quartos terem banheiro (serem suítes), ou as janelas irem do chão ao teto são todas pessoais e não necessariamente agregam mais valor ao imóvel, porque metade das pessoas vai gostar de um jeito e a outra de outro.

Em regiões frias, o encanamento para água quente em todas as torneiras é um exemplo que valoriza o bem.

Imóveis com 1 dormitório costumam ter o metro quadrado mais caro (valor total/m^2) do que um com 2 dormitórios e assim sucessivamente, porque os custos fixos de construção de um imóvel menor impactam mais no seu valor de venda do que no de um maior.

Porém, imóveis pequenos são mais rentáveis para locação (na relação aluguel mensal/valor do imóvel), porque os proprietários conseguem repassar um valor mínimo de aluguel aos inquilinos pelo fato de o encargo total acabar ficando aquém do que o cobrado por um imóvel maior e isso é aceito por eles, mesmo que em desproporcionalidade à redução da área do imóvel, já que há uma melhor adequação ao orçamento familiar.

Falaremos então sobre locação a seguir.

A disponibilização (para locação) de um imóvel comprado

Há muitas razões para um imóvel ser adquirido e disponibilizado para locação.

Uma delas é porque o proprietário morava no imóvel, adquiriu um maior ou em outro local e não quer se desfazer de um provável bem de família. Locando-o, recebe o aluguel mensal e ao mesmo tempo deixa de arcar com os custos mensais de IPTU e condomínio (se for o caso).

Há outras pessoas que compram o imóvel como um investimento, buscando a valorização no médio e longo prazo e o recebimento mensal dos aluguéis.

A depender de o imóvel estar bem localizado, em perfeitas condições de uso e mobiliado, é possível conseguir uma rentabilidade (com o aluguel) superior em até 30% à média do mercado.

Por exemplo, para pintar, mobiliar e colocar armários em um apartamento de até R$ 500 mil, gasta-se cerca de 10% do seu valor.

Em geral, a rentabilidade bruta com aluguel residencial para apartamentos de 1 e 2 quartos é de cerca de 0,5% ao mês (para apartamentos com mais quartos ou casas é de aproximadamente 0,4% ao mês).

Se não fosse assim, seria melhor deixar o dinheiro na poupança, que tem rentabilidade de 0,5% a.m. quando a Selic está maior que 8,50% a.a. Com a Selic abaixo desse valor, a poupança não chega a render isso, mas historicamente a taxa básica de juros no Brasil tem dois dígitos, o que leva a considerar uma rentabilidade de 0,50% a.m. pela poupança como um bom parâmetro.

O prêmio por imobilizar o dinheiro comprando um imóvel em relação a se deixar o dinheiro na poupança, por exemplo, é a sua valorização no longo prazo. O risco de liquidez também ajuda na expectativa de valorização.

Então, para um apartamento de 1 quarto, que valha R$ 300 mil, o aluguel seria de cerca de R$ 1,5 mil. Todavia, se o imóvel for bem localizado, tiver boa mobília (cama, sofá, cadeiras etc) e bons eletrodomésticos e armários, tudo ao custo de até R$ 30 mil (10% estimados), consegue-se algo perto de R$ 2 mil/mês de aluguel.

Nesse caso, a rentabilidade bruta mensal passa a ser de 0,60% (= 2.000,00/330.000,00), sem considerar o pagamento do imposto de renda.

Um imóvel valorizado para locação, além de estar em uma boa região da cidade, deve ser pintado em cores claras, ter hidráulica e elétrica em perfeito funcionamento, ter ar-condicionado, ter cortinas e luminárias em todos os ambientes, bons armários, bom acabamento no geral, ter pelo menos uma vaga de garagem (coberta e privativa, de preferência), ter elevador e portaria 24h (se for prédio) e ter boa mobília, se dela o inquilino precisar. É claro que a mobília e os eletrodomésticos depreciam com o tempo, então a rentabilidade exemplificada de 0,60% ficaria um pouco comprometida com novas aquisições ou consertos necessários, mas em média os eletrodomésticos podem durar cerca de 10 anos (e ter valor residual da ordem de

30%) e a mobília pode durar mais de 20 anos sem grandes intervenções para trocas ou reparos.

Mobílias e eletrodomésticos antigos não são bem vistos, então é recomendado que se adquira itens de qualidade, que permaneçam em vanguarda por um bom tempo.

O uso de plataformas específicas para locação de imóveis por temporada:

Tornou-se muito comum o uso das plataformas Airbnb (www.airbnb.com.br) e Booking (www.booking.com) por proprietários de imóveis que desejam disponibilizar seu apartamento ou sua casa para temporada a turistas e viajantes em geral, em especial.

Com a pandemia do Coronavírus, em que grande parte das pessoas ficou mais reclusa em suas casas, até imóveis na própria cidade do usuário da plataforma tornaram-se opção do chamado *flexcation*.

Segundo o sítio www.onfly.com.br, *flexcation é um termo que surgiu do inglês, sendo uma mistura de vacation (férias) e flexibilização. Trata-se de um conceito ou novo hábito dos visitantes que consiste em alugar casas e chalés para temporada como forma de viajar, mas sem deixar de lado o isolamento social.*

Assim, os visitantes podem inclusive manter as atividades de *home office* enquanto desfrutam de um lugar com mais espaço, conforto e lazer, sozinhos ou com a família e/ou amigos.

Nesse ponto, casas com áreas de lazer (piscinas) e com espaço de quintal tornaram-se boas opções.

Aqui, o objetivo será ajudar na precificação das diárias do espaço todo (não apenas de quartos), levando-se em conta o valor de um contrato anual de aluguel, a rotatividade, a vacância, a capacidade de acomodação (quantidade de pessoas que podem dormir no imóvel) e os custos de se manter o imóvel e todos os serviços necessários para o uso por parte dos visitantes.

Em primeiro lugar, em um bom imóvel para locação por temporada pelo Airbnb ou Booking não deve faltar internet banda larga com sinal de wifi, ar condicionado e/ou aquecedor, Smart TV ou TV a cabo e o ambiente deve ter boa mobília, boas roupas de cama e banho e ser muito bem limpo.

Garagem privativa, máquina de lavar roupas e a aceitação de pets ajudam a aumentar a visibilidade.

Portaria 24h e sistema de segurança também são bem vistos.

Para se chegar ao valor de uma diária (ref. 2021), as seguintes premissas e valores médios podem ser considerados (o leitor pode fazer as devidas adaptações, de acordo com as condições reais por ele consideradas):

- valor base da diária em contrato anual (VB): (0,5% x valor do imóvel)/30;

- internet banda larga (INT): R$ 150,00/mês (custo fixo);

- condomínio (COND): R$ 10,00/m^2/mês (custo fixo);

- IPTU: R$ 1,5/m²/mês (custo fixo);

- água (AGUA): R$ 10,00/pessoa/dia (custo variável);

- energia elétrica (ENERG): R$ 10,00/pessoa/dia (custo variável);

- quantidade de pessoas: PESSOA (variável);

- quantidade de diárias por locação (média) (QTD_DIAR): 3;

- dia(s) para preparar o imóvel a cada locação (PREP): 1;

- vacância (VAC): 30% (adotado com base estatística);

- o valor da diária (VD) deve ser igual ou superior ao valor que se conseguiria caso o imóvel estivesse alugado por contrato anual, por exemplo;

- valor do imóvel: VI (variável com o tempo);

- área: AREA (fixo).

Assim, tem-se:

VD = [VB + INT/30 + AREA x (COND + IPTU)/30] x (1 + VAC) x [1 + (PREP)/(PREP + QTD_DIAR)] + PESSOA x (AGUA + ENERG)

Sendo VB = 0,5% x (VI/30), substituindo-se os valores para 2021 e fazendo as contas e simplificações, tem-se:

VD = [(0,5% x VI + 150,00 + AREA x (10 + 1,5))/30] x (1 + 30%) x [1 + (1)/(1 + 3)] + PESSOA x (10,00 + 10,00)

VD = [0,005 x VI + 150,00 + 11,5 x AREA] x 0,0542 + 20 x PESSOA

Atribuindo-se valores, tem-se o seguinte para um apartamento com 2 quartos, de 80m^2, que comporte e vá acomodar 4 pessoas, que valha R$ 1 milhão e forneça internet banda larga wifi:

VD = [0,005 x 1.000.000,00 + 150,00 + 11,5 x 80] x 0,0542 + 20 x 4

VD = R$ 409,00 (arredondado)

Para uma quitinete de 30m^2, que comporte e vá acomodar 2 pessoas, que valha R$ 300 mil e forneça internet banda larga wifi:

VD = [0,005 x 300.000,00 + 150,00 + 11,5 x 30] x 0,0542 + 20 x 2

VD = R$ 148,00 (arredondado)

Já para uma casa de 400m^2, que comporte e vá acomodar 10 pessoas, que valha R$ 1,5 milhão e forneça internet banda larga wifi:

VD = [0,005 x 1.500.000,00 + 150,00 + 11,5 x 400] x 0,0542 + 20 x 10

VD = 0,000271 x 1.500.000,00 + 20,00 x 10 + 0,55 x 400 + 5,00;

VD = R$ 864,00 (arredondado)

Com essas contas, uma quitinete tem valor médio de diária de R$ 74,00 por pessoa. Um apartamento com 2 quartos tem diária média de R$ 102,25 por pessoa. E uma casa tem diária média de R$ 86,40 por pessoa.

Assim, em média, uma diária no Airbnb ou no Booking, por pessoa, fica em aproximadamente R$ 88,00 (arredondado). Como as plataformas cobram cerca de 3% do anfitrião em relação ao total recebido, pode-se aumentar a diária para cerca de R$ 90,00/pessoa, em média.

Esse pode ser um valor base (médio) para o leitor adotar para o seu imóvel. Claro que cada um tem uma visão diferente dos custos e dos fatores adotados, então a fórmula anterior é flexível para as devidas adaptações.

E ainda necessário estipular uma taxa de limpeza, que no caso sugere-se variar entre R$ 100,00 (para imóveis pequenos) e R$ 300,00 (para imóveis grandes).

Comparação entre aplicações financeiras em imóveis e em taxa Selic, frente à inflação

Comprar um imóvel como investimento é uma operação feita por e para poucos.

O bem é em geral de alto valor agregado e exige grandes desembolsos, sem contar que sua liquidez é muito baixa.

Às vezes, em épocas de desemprego e de dificuldade de crédito, anuncia-se um imóvel à venda por mais de um ano até que se encontre um comprador em potencial.

Ainda, se colocado à locação pelo proprietário, este deve estar sempre de prontidão para qualquer demanda do seu inquilino em vista da solução de um problema qualquer, pois o atendimento rápido e de qualidade deixa o inquilino satisfeito e traz sempre bom retorno ao investimento.

Em vista disso tudo e tendo no Brasil um país historicamente pagador de altos juros, é muito mais cômodo e seguro aplicar em um título de renda fixa que renda próximo de 100% de CDI, ou seja, que renda a taxa Selic, do que em um imóvel.

Como já mencionado, as pessoas compram imóveis por diversas razões, mas aquelas que pensam em rentabilidade geralmente ficam de fora desse mercado, muito por conta de optarem em investir em renda fixa, que historicamente paga altas taxas, é muito mais segura para prazos curtos e tem alta liquidez.

Todavia, com a taxa Selic baixa (2,75% a.a., em março/2021), e se mantendo assim ou não chegando a ultrapassar um dígito, aqueles potenciais compradores de imóveis que se encaixam na categoria de investidores começam a se interessar um pouco mais pelo mercado imobiliário.

Logo, estando a economia em recuperação, o crédito facilitado e as taxas de juros da renda fixa baixas, investidores de longo prazo começam a adquirir imóveis como opção de ativo físico em carteira.

Entretanto, como um investimento de longo prazo, a valorização de um imóvel associada à rentabilidade do seu aluguel iguala ou supera a variação da taxa Selic (historicamente), como será demonstrado adiante.

Por meio dos valores obtidos dos links a seguir e adotando como data-base jun/1996, com valor igual a 100 pontos, tem-se a tabela adiante com as variações dos índices Fipe Zap, IPCA e Selic entre jun/996 e dez/2018.

Variação Fipe Zap histórico até jun/2015:

https://www.fipe.org.br/pt-br/indices/fipezap/#fipezap-historico

Variação Fipe Zap a partir de jun/2015:

http://fipezap.zapimoveis.com.br/

IPCA histórico:

https://www.ibge.gov.br/estatisticas/economicas/precos-e-custos/9256-indice-nacional-de-precos-ao-consumidor-amplo.html?=&t=series-historicas

Selic histórica:

https://www.bcb.gov.br/controleinflacao/historicotaxasju
ros

DATA	FIPE ZAP	IPCA	SELIC	DATA	FIPE ZAP	IPCA	SELIC
jun/96	100,00	100,00	100,00	dez/07	219,25	206,03	827,90
dez/96	91,67	102,82	109,68	jun/08	239,80	213,54	873,77
jun/97	96,25	107,02	120,99	dez/08	260,70	218,19	931,50
dez/97	108,09	108,19	141,01	jun/09	287,37	223,79	979,92
jun/98	104,31	110,67	158,23	dez/09	316,96	227,60	1.022,74
dez/98	108,78	109,98	179,78	jun/10	348,21	234,62	1.066,58
jun/99	115,58	114,34	207,63	ago/10	362,01	234,74	1.079,49
dez/99	105,35	119,82	226,19	dez/10	393,01	241,05	1.122,03
jun/00	141,71	121,78	247,16	jun/11	448,20	250,37	1.185,61
dez/00	124,90	126,97	266,90	dez/11	498,96	256,72	1.252,66
jun/01	123,25	130,73	286,73	jun/12	537,16	262,68	1.307,27
dez/01	125,62	136,72	312,62	dez/12	577,71	271,71	1.355,91
jun/02	131,00	140,74	339,78	jun/13	612,08	280,27	1.402,60
dez/02	145,55	153,85	371,67	dez/13	658,08	287,77	1.468,38
jun/03	148,81	164,06	415,89	jun/14	687,09	298,55	1.543,94
dez/03	148,81	168,16	459,24	dez/14	706,33	306,21	1.632,38
jun/04	151,61	174,01	493,95	jun/15	721,85	325,11	1.737,12
dez/04	143,15	180,94	532,53	dez/15	721,48	338,89	1.850,23
jun/05	162,38	186,65	580,06	jun/16	721,77	353,86	1.975,77
dez/05	179,91	191,23	633,81	dez/16	724,81	360,20	2.103,83
jun/06	197,73	194,17	693,55	jun/17	725,17	364,47	2.228,97
dez/06	188,21	197,24	741,27	dez/17	723,00	370,82	2.320,16
jun/07	199,62	201,34	783,97	jun/18	721,84	380,47	2.372,75
dez/07	219,25	206,03	827,90	dez/18	721,55	384,71	2.467,47
jun/08	239,80	213,54	873,77	a.p.:	621,55%	284,71%	2367,47%

Desconsiderando o período altamente inflacionário, anterior a 1995, que distorce muito os índices aqui mostrados, tem-se que, de 1996 a 2018, os imóveis valorizaram mais de 600% (índice Fipe Zap) e a Selic valorizou mais de 2.300%. A inflação no período (IPCA) foi de quase 300%.

O gráfico a seguir ilustra os dados da tabela anterior.

FIPE ZAP x SELIC x IPCA

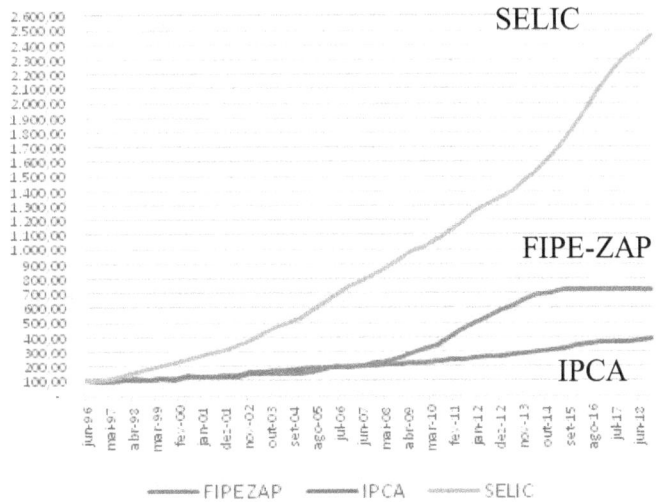

Das informações anteriores, aplicando-se R$ 100,00 em imóveis em jun/1996, ter-se-ia R$ 721,25 após 270 meses, ou seja, uma valorização de 621,55% no período, que corresponde a 0,73% a.m. $(= 1 + 6,2155)^{1/270} - 1)$.

Se fossem aplicados R$ 100,00 em taxa Selic em jun/1996, ter-se-ia R$ 2.467,47 após 270 meses, ou seja, uma valorização de 2.367,47% no período, que corresponde a 1,19% a.m. $(= 1 + 23,6747)^{1/270} - 1)$.

A inflação no período (IPCA) foi de 284,71%, que corresponde a 0,50% a.m.

Considerando-se que a rentabilidade de um imóvel alugado é em média de 0,50% a.m., ter-se-ia uma valorização extra de 284,45% no período $(= 1,005^{270} - 1)$.

Se os aluguéis recebidos fossem reinvestidos em novos imóveis, a rentabilidade total no período seria de 2.673,98% [= (1 + 6,2155) x (1 + 2,8445) – 1], que seria superior ao rendimento da taxa Selic entre jun/1996 e dez/2018, de 2.367,47%.

A rentabilidade mensal histórica de um investimento em imóveis (considerando o aluguel) é, portanto, de 1,23% a.m. (= 1,0073 x 1,0050 – 1), sem descontar a inflação.

Nesses exemplos não estão sendo considerados os pagamentos de tributos (imposto de renda sobre os lucros – IR e o imposto de transmissão de bens imóveis – ITBI) ou o não recebimento de aluguéis por inadimplência ou desocupação.

O que está sendo mostrado é que há um risco no mercado imobiliário e que a manutenção de um imóvel exige muitos cuidados e tempo, mas, se o imóvel for pequeno, bem localizado, bem administrado e adquirido para longo prazo, há boas chances de se conseguir rentabilidade total pelo menos próxima à Selic, sendo essa rentabilidade potencializada em momentos em que a taxa de juros básica da economia estiver baixa.

Com a pandemia do Coronavírus, até imóveis de maior valor agregado, com mais espaço, estão sendo bem avaliados.

Os exemplos dados servem inclusive para quem compra um imóvel para morar, porque o aluguel que está sendo deixado de pagar em outro imóvel semelhante é considerado no fluxo de caixa do investimento como um rendimento.

Veremos agora como é o mercado de leilões de imóveis.

O leilão de imóveis

Em momentos de crise e/ou de desemprego, as pessoas acabam deixando de pagar ao banco credor as prestações habitacionais de seus imóveis financiados e, assim, eles vão a leilão.

Geralmente, os preços em leilões são mais baixos que o de mercado, entre 40% e 60% inferiores, o que pode se tornar um ótimo negócio para quem os arremata.

O leilão de imóveis é uma operação simples de compra e venda de imóveis, com a diferença de que as condições da negociação não são feitas diretamente entre as partes e há uma comissão ao leiloeiro.

Os interessados fazem lances e será vencedor da disputa quem fizer a melhor oferta.

Atualmente, os lances são feitos em forma presencial e/ou pela internet.

Há leilões extrajudiciais, com imóveis tomados por bancos concedentes de crédito para financiamento imobiliário, e há leilões judiciais, no qual o imóvel foi penhorado por causa de alguma dívida e a sua alienação é feita em um processo judicial de cumprimento de sentença, sendo a arrematação do bem depois homologada por um juiz de direito.

Assim que o imóvel é devolvido ao banco, podem ser realizados até dois leilões.

O primeiro ocorre 30 dias após a sua devolução e o valor mínimo para leilão é o valor de avaliação a mercado.

Caso o imóvel não receba lance no primeiro leilão, 15 dias depois é realizado o segundo pregão e o deságio pode chegar até a 60% do valor de mercado.

Se não for vendido nos dois leilões, o imóvel geralmente é oferecido em venda direta, caso seja oriundo de uma instituição financeira.

Nos leilões judiciais e em alguns extrajudiciais, o pagamento se dá à vista. Em outros extrajudiciais, o pagamento pode ser parcelado em até 24 meses ou financiado em até 35 anos, a depender de qual instituição bancária é o imóvel disponibilizado para leilão. O Santander, por exemplo, costuma proporcionar o financiamento imobiliário dos imóveis por ele retomados e leiloados.

A comissão do leiloeiro é usualmente de 5% sobre o valor arrematado e a caução paga para imóveis que serão parcelados é de cerca de 10% do valor arrematado (a caução é depois abatida do saldo devedor).

É sabido que os imóveis leiloados são ofertados em lance mínimo com descontos da ordem de 10%, 20%, 30% ou até 60% em relação ao valor de mercado, mas a compra de um imóvel em leilão só vale a pena (em uma visão de lucro com a posterior venda) se o desconto final for em média de pelo menos 35%.

Diversos são os tributos, taxas e outros custos atrelados a um imóvel que se pretenda comprar em leilão e depois ser vendido.

Por isso que primeiro é importante se certificar se o desconto anunciado no leilão para o lance mínimo é real, ou seja, deve-se pesquisar os preços de um imóvel similar nos anúncios de sites e jornais e ter uma ideia do seu valor de mercado.

Se não encontrar imóvel parecido à venda, é recomendado conversar com um corretor de imóveis que conheça a região para uma melhor avaliação.

Conhecendo-se o valor a mercado do imóvel e do seu lance mínimo no leilão, as seguintes análises devem ser feitas – tendo como base um imóvel (ocupado), avaliado por R$ 143 mil e que esteja no edital do leilão com lance mínimo de R$ 96 mil, por exemplo (esse foi um caso real encontrado no sítio da Caixa Econômica Federal para uma casa em Brasília/DF).

Há nesse caso um desconto inicial de cerca de 33%, que pode ou não se efetivar, a depender da disputa no leilão. É, portanto, apenas uma referência do máximo de desconto que se pode conseguir com esse imóvel.

Os tributos, taxas e custos (aproximados) na compra de um imóvel em leilão que se pretenda vender depois são, em 2021:

- Comissão do leiloeiro (5% do valor arrematado);

- ITBI e taxas de cartório (5% do valor arrematado);

- Eventual reforma no imóvel (5% do valor de mercado);

- Corretagem quando da venda (3% do valor de mercado);

- Honorários advocatícios em caso de ação judicial para retirar o morador do imóvel ocupado (R$ 10 mil);

- Lucros cessantes até a venda (0,5% a.m. em relação ao valor de mercado);

- IPTU e condomínios atrasados, caso existam; e

- Imposto de Renda com o lucro da venda (15% da diferença entre o preço de venda e o preço de aquisição, descontado das comissões de venda e do leiloeiro);

Considerando-se que, por conta de o imóvel estar ocupado, não haja disputa nos lances e o imóvel seja arrematado pelo valor mínimo (R$ 96 mil), que uma ação de retirada do morador dure 5 meses, que o imóvel ficará anunciado à venda por mais 5 meses (em um total de 10 meses desde a compra), que haja R$ 3 mil de dívidas de IPTU e condomínio e que o mercado imobiliário não se valorize nos próximos 12 meses, tem-se a seguinte tabela.

Valor arrematado	R$	96.000,00
		-32,87%
Valor de Venda	R$	143.000,00
(-) Comissão do leiloeiro (5% do valor arrematado)	-R$	4.800,00
(-) ITBI e taxas de cartório (5% do valor arrematado)	-R$	4.800,00
(-) Reforma no imóvel (5% do valor de mercado)	-R$	7.150,00
(-) Corretagem quando da venda (3% do valor de mercado)	-R$	4.290,00
(-) Honorários advocatícios para ação judicial de retirada do morador do imóvel ocupado (R$ 10 mil)	-R$	10.000,00
(-) Lucros cessantes até a venda (0,5% a.m. x 10 meses) - percentual em relação ao valor de mercado	-R$	7.150,00
(-) IPTU e condomínios atrasados	-R$	3.000,00
(=) Valor antes do Imposto de Renda	R$	101.810,00

55

(-) Imposto de Renda com o lucro da venda (15% da diferença entre o preço de venda e o preço de aquisição, descontado da comissão de venda e do leiloeiro)	-R$	5.686,50
(=) Valor final do imóvel	R$	96.123,50
		-32,78%
Lucro Líquido no período (valor final do imóvel - valor arrematado)	R$	123,50
		0,13%

Geralmente imóveis ocupados tendem a ter dívidas de IPTU e de condomínio, em especial se o morador for o antigo proprietário.

Ainda, quase sempre necessitam de reformas, por mais pontuais que sejam (o morador, se for o antigo proprietário, costuma levar até as portas consigo!).

Para a retirada do morador, é necessária uma ação judicial e isso acarreta custos da ordem de R$ 10 mil (em 2021).

Para o exemplo dado, arrematando um imóvel ocupado em um leilão, com deságio de cerca de 30%, o lucro líquido da operação de compra e venda foi praticamente nulo, o que não é compensador em vista da alta burocracia e dos altos valores e prazos envolvidos.

O período que envolve a data de pagamento e a data de venda pode durar em média 10 meses, conforme o exemplo. Logo, para que se ganhe pelo menos a variação da taxa Selic (2,75% a.a.) nesse período, o lucro deveria ser de 2,29% a.p. (= $1,0275^{10/12} - 1$). Esse lucro seria obtido se o imóvel tivesse sido arrematado por algo próximo a R$ 93 mil, ou seja, com deságio de aproximadamente 35%.

Com essas informações, fica claro que o valor mínimo de aquisição em leilão de um imóvel ocupado é com desconto de pelo menos 35% em relação ao mercado.

Esse desconto é a média concedida pelas instituições financeiras. Descontos maiores que 35% em relação ao preço de mercado tornam a aquisição em leilão mais atrativa, caso se pense em revender o imóvel em seguida.

Para quem pensa em comprar o imóvel para nele morar, o desconto a ser considerado é bem menor e chega na ordem de 23% (valor de arremate igual a R$ 110 mil para esse exemplo), porque seriam considerados apenas a comissão do leiloeiro, os custos com a reforma no imóvel, os pagamentos de honorários advocatícios e dos IPTUs e condomínios atrasados e os lucros cessantes até a desocupação e reforma do imóvel.

Ou seja, esses 23% são o mínimo de desconto a ser conquistado em uma compra via leilão de imóveis. Qualquer deságio inferior a 23% afasta o interesse por esse modo de aquisição.

Diante desses dados todos, que não são difíceis de serem obtidos pelas pessoas, a grande sacada na compra de um imóvel em leilão é quando o imóvel está anunciado como ocupado e na verdade está vazio.

A maioria das pessoas quando perde seu imóvel por não conseguir pagar as prestações habitacionais em momentos de crise e desemprego acaba deixando-o durante o processo de retomada por parte da instituição financeira sem comunica-la.

Por isso, é muito importante que o interessado em um imóvel de leilão vá até o seu local e tente conversar com o síndico, ou o porteiro, ou os vizinhos para confirmar se o imóvel ainda está ocupado.

Caso o morador ainda esteja morando no imóvel, seria interessante tentar conversar com ele também para saber da sua expectativa em relação ao processo de retomada do imóvel e se pretende deixa-lo em breve.

Visitar o local do imóvel anunciado em leilão é muito importante não só para saber se o morador ainda está lá, mas também para ver como é a rua, o bairro, a posição do imóvel em caso de estar em um prédio (se nascente, poente etc), se tem portaria 24h, se a fachada precisa de reparos que demandarão custos extras e longa intervenção e se há condomínios em atraso e o total correspondente, caso esteja o imóvel em um prédio (nesse caso, falar com o síndico ou com a administração do condomínio é o indicado para se obter essa informação).

As pendências com IPTU podem ser checadas na internet por meio da matrícula do imóvel, que é de praxe informada nos editais de leilões.

Caso um imóvel seja arrematado em leilão, mas o morador e até então proprietário consiga uma liminar judicial que anule a sua venda, todos os valores pagos, à título de comissão ao leiloeiro e sinal de negócio ao banco são prontamente devolvidos. Com isso não há motivo para se preocupar.

Retomando o assunto sobre ser vantajoso um negócio em leilão sobre algum imóvel que esteja informado como ocupado, mas que na verdade está vazio, tem-se o seguinte:

- quando a instituição bancária constata ocupação no imóvel retomado, em geral, se ocorrer o segundo leilão, o desconto dado para lance mínimo inicial é superior a 35%, podendo chegar até 60%;

- imóveis informados como ocupados em editais de leilão são em geral desprezados pelos participantes, por conta de todo o risco e custo que se tem para tentar tirar o morador do imóvel, que tem de ser forma judicial em sua maior parte;

- como a possível ocupação desestimula a compra, a disputa por lotes informados como ocupados é baixa, o que permite a arrematação muitas vezes pelo valor mínimo ou por pouco acima disso.

Valendo-se do exemplo anterior e considerando que o imóvel informado como ocupado está na verdade desocupado, mas será arrematado pelo lance mínimo de R$ 96 mil por conta do desinteresse dos desinformados, tem-se que não haverá custos com honorários advocatícios e que os lucros cessantes serão ocorridos apenas por 5 meses, que seria o tempo médio de reformar o imóvel (se a intervenção for pequena) e encontrar um comprador.

Dessa forma, a tabela com o resumo dos ganhos e custos é a informada a seguir.

Valor arrematado	R$	96.000,00
		-32,87%
Valor de Venda	R$	143.000,00
(-) Comissão do leiloeiro (5% do valor arrematado)	-R$	4.800,00
(-) ITBI e taxas de cartório (5% do valor arrematado)	-R$	4.800,00
(-) Reforma no imóvel (5% do valor de mercado)	-R$	7.150,00
(-) Corretagem quando da venda (3% do valor de mercado)	-R$	4.290,00
(-) Honorários advocatícios para ação judicial de retirada do morador do imóvel ocupado (R$ 10 mil)		
(-) Lucros cessantes até a venda (0,5% a.m. x 5 meses) - percentual em relação ao valor de mercado	-R$	3.575,00
(-) IPTU e condomínios atrasados	-R$	3.000,00
(=) Valor antes do Imposto de Renda	R$	115.385,00
(-) Imposto de Renda com o lucro da venda (15% da diferença entre o preço de venda e o preço de aquisição, descontado da comissão de venda e do leiloeiro)	-R$	5.686,50
(=) Valor final do imóvel	R$	109.698,50
		-23,29%
Lucro Líquido no período (valor final do imóvel - valor arrematado)	R$	13.698,50
		14,27%

Um lucro de 14,27% em cinco meses corresponde a uma rentabilidade anual de 37,73% (= $1,1427^{12/5} - 1$), que é bem atrativa, em especial quando a remuneração da renda fixa está baixa, em torno de 2,75% a.a.

É claro que essa rentabilidade só será obtida se o imóvel for vendido em cinco meses. Caso isso demore um ano, a rentabilidade será de 14,27%, o que ainda é interessante no momento.

Os tributos envolvidos na compra/venda e locação de um imóvel

Nas transações com imóveis, devem ser considerados os impactos que os tributos têm na rentabilidade final da operação.

O ITBI (Imposto de Transmissão de Bens Imóveis Inter Vivos), pago ao município, tem alíquota em torno de 3,5%, aplicada sobre o valor da compra (ou o que for maior ao considerar o preço estimado pela prefeitura). Para um imóvel de R$ 300 mil, por exemplo, o ITBI seria de R$ 10.500,00, o que impacta no custo de aquisição quando o foco é rentabilidade.

O imposto de renda (IR) deve ser pago sobre os ganhos da venda e sobre os alugueis recebidos.

Para pessoa física, a alíquota do IR é de 15% sobre o lucro na venda de um imóvel.

Esse lucro é a base de cálculo do imposto e é obtido pela diferença entre o valor de venda e o de compra, descontada da comissão paga ao corretor.

Há ainda uma redução nessa base pelo fator FR = $1/1,0035^m$ (do artigo 40, § 1º, II, da Lei 11.196/2005) para imóveis adquiridos após 2005, sendo m = número de meses passados entre a compra e a venda.

Por exemplo, se um imóvel foi comprado por R$ 300 mil há cinco anos (60 meses) e foi vendido por R$ 350 mil, com comissão de 3%, o IR a ser pago será o informado a seguir.

Lucro = 350.000 – 300.000 – 350.000 x 3% = 39.500,00

FR = $1/1,0035^{60}$ = 0,810881 (redutor)

Base de cálculo = 0,810881 x 39.500 = 32.029,82

IR = 15% x 32.029,82 = 4.804,47

Esse valor deve ser recolhido por meio de DARF (Documento de Arrecadação de Receitas Federais).

Em relação aos aluguéis, se o proprietário for pessoa física e já receber salário superior a R$ 4.664,68/mês, a alíquota será de 27,5% sobre o aluguel mensal.

Por exemplo, se o aluguel é de R$ 1.500,00/mês para um imóvel que custou R$ 300.000,00, o IR será de R$ 412,50/mês, o que reduz bastante a rentabilidade líquida da operação. Se o imóvel estiver sendo administrado por uma imobiliária, é cobrado cerca de 8% ao mês como taxa de administração (sobre o valor do aluguel), o que resultaria em R$ 120,00/mês. A rentabilidade líquida com o aluguel seria assim de 0,32% a.m. [= (1.500,00 – 412,50 – 120,00)/300.000,00].

Na verdade, o cálculo mais correto é descontar o pagamento à imobiliária para chegar à base de cálculo do IR. Assim, o IR seria de R$ 379,50 [= (1.500,00 – 120,00) x 0,275]. Sobraria ao proprietário R$ 1.000,00 (= 1.500,00 – 120,00 – 379,50).

Para se ganhar líquidos 0,50% a.m., considerando o pagamento do imposto de renda e da taxa de administração da imobiliária, o aluguel deveria ser de 0,78% a.m. em relação ao valor do imóvel, o que poderia ser conseguido apenas se fosse um imóvel pequeno, bem localizado, com bom acabamento, boa mobília e bons eletrodomésticos.

Para essa rentabilidade bruta, tem-se o seguinte, para um imóvel que valha R$ 300.000,00:

Aluguel = 0,78% x 300.000 = R$ 2.340,00;

Taxa de administração (imobiliária) = 8% x 2.340 = R$ 187,20;

Imposto de Renda = 27,5% x (2.340 − 187,20) = R$ 592,02

Lucro líquido = 2.340 − 187,20 − 592,02 = R$ 1560,78 (≈ 0,5% de R$ 300 mil).

Ainda assim essa rentabilidade bruta (0,78% a.m.) é difícil de obter, mesmo para um imóvel com essas características. Caso o proprietário queira receber um pouco mais, ele poderia ele próprio tentar administrar a locação do imóvel.

As vantagens de ter um imóvel disponibilizado para locação, em termos de investimento, reside no conjunto aluguel recebido + valorização do imóvel ao longo do tempo. Por isso que investir em imóveis exige a imobilização do dinheiro no médio/longo prazo. Para quem projeta precisar do dinheiro no curto prazo e ainda assim queira aplicar no ramo imobiliário, o mais indicado seria comprar fundos desse setor.

Análise Financeira de um Consórcio de Imóveis

Aqui será mostrada uma análise financeira de um consórcio de imóveis. Logo, a opção pessoal de optar por um consórcio de imóveis em vez de um financiamento imobiliário, ou vice-versa, por qualquer outro motivo, é decisão de cada um.

A análise será feita para a opção de dar lance e arrematar a carta de crédito no início do consórcio, porque a opção de esperar pela contemplação via sorteio é questão de sorte e aqui, em uma análise técnica, não se pode considerá-la, pois a comparação com o financiamento imobiliário ficaria inviável. **Os resultados mostram que o lance não pode superar cerca de 42,5% do total pago no consórcio**.

O consórcio de imóveis basicamente é uma associação de pessoas que se juntam para todos os meses contribuírem com uma parcela que irá somar e acumular para o total da carta de crédito a ser adquirida no uso da compra de um imóvel e todos os meses se sorteiam pessoas que poderão já usufruir da carta de crédito. Não há incidência de juros, mas há pagamento de uma taxa de administração cujo percentual é aplicado sobre o valor da carta de crédito de cada um. Existe correção das parcelas pelo Índice Nacional de Custo da Construção (INCC), mas o valor da carta de crédito é reajustado pelo mesmo fator.

A contemplação via sorteio no início dos pagamentos seria o "melhor dos mundos", porque se considerarmos apenas a aplicação da taxa de administração, que é de cerca de 20%, em um prazo de cerca de 200 meses, por exemplo, seria como se os juros mensais fossem de aproximadamente 0,19% a.m.!

Foi comentado em páginas anteriores que os juros efetivos mensais de um financiamento imobiliário, em história mais recente, beiram a casa dos 0,76% a.m. (ou 9,50% a.a.), em ponto médio.

Os dois maiores "poréns" de um consórcio de imóveis é que o participante que espera pelo sorteio poderia estar aplicando o valor das parcelas mensais em outro investimento que corrigiria o montante e que, ao dar um lance para adquirir de forma antecipada a carta de crédito, esse valor que o participante economizou até então, por seu esforço, é taxado da mesma forma pela taxa de administração do consórcio.

Consultando as opções de consórcio de imóveis no mercado, depara-se com uma de valor R$ 248.184,00, em 156 parcelas de R$ 1.901,15. Isso é resultado de uma taxa de administração de 19,50%. Ela será considerada nos cálculos.

A análise a seguir admite que o lance será suficiente para ganhar a carta de crédito no início do consórcio, pois só assim é possível comparar com o financiamento imobiliário, no qual o interessado já tem o imóvel disponível após a contratação. Nesse caso, os possíveis aluguéis que serão recebidos pelo novo imóvel ou pelo fato de o interessado deixar de pagá-lo ao se mudar para o imóvel serão igualmente considerados.

Por regra, após um lance contemplado, a quantidade de parcelas é reduzida e o valor da prestação é mantido.

Em primeira análise, será avaliado qual teria de ser o percentual do lance em relação ao valor total do consórcio (valor da carta + taxa de administração) para que a taxa mensal ficasse equivalente a uma taxa mensal de 0,76% a.m. (ou 9,50% a.a.), que é a taxa efetiva média de um financiamento imobiliário, em história mais recente.

Assim, temos a seguinte planilha:

VALOR DA CARTA (IMÓVEL):	248.184,00	
TAXA DE ADMINISTRAÇÃO:	19,50%	
VALOR TOTAL DA CARTA (COM TAXA DE ADMINISTRAÇÃO):	296.579,88	
PRESTAÇÕES (QUANTIDADE DE MESES):	156	
VALOR DA PRESTAÇÃO MENSAL:	1.901,15	
PERCENTUAL DO LANCE:	41,6%	(em relação ao total)
VALOR DO LANCE:	123.377,23	
NOVO PRAZO (MESES), APÓS LANCE:	91	(prazo reduz e o valor da prestação se mantém
VALOR LÍQUIDO RECEBIDO DA CARTA:	124.806,77	
FLUXO DE CAIXA CONSÓRCIO:		
DESEMBOLSO:	123.377,23	
VALOR DA CARTA (OU DO IMÓVEL):	248.184,00	
GANHO LÍQUIDO INICIAL:	124.806,77	
VALOR DAS PRESTAÇÕES MENSAIS:	1.901,15	
TAXA MENSAL DA OPERAÇÃO:	0,76%	

Um financiamento imobiliário teria as seguintes condições com taxa média de 9,50% a.a.:

FLUXO DE CAIXA FINANCIAMENTO:	
VALOR DO IMÓVEL:	248.184,00
PERCENTUAL DE ENTRADA:	20%
VALOR DA ENTRADA:	49.636,80
VALOR FINANCIADO:	198.547,20
PRESTAÇÃO (PRICE):	R$3.027,11
TAXA ANUAL DE REFERÊNCIA (CET - FINANCIAMENTO):	9,50%
TAXA MENSAL DE REFERÊNCIA (FINANCIAMENTO):	0,76%

Da tabela do consórcio, por meio do "Atingir Meta" do Excel, para que a taxa mensal da operação fosse igual ao custo efetivo total (CET) de um financiamento imobiliário médio (0,76% a.m.), o percentual do total do consórcio em lance deveria ser de 41,6%. **Isso é quase 50% do valor da carta de crédito. Acima disso, desconsiderando a taxa interna de retorno, a burocracia e outras opções pessoais, seria mais viável optar por um financiamento imobiliário.**

O problema nessa análise reside no fato de a "entrada" (lance) de um consórcio ser de cerca de 50% do valor da carta de crédito (ou do imóvel), enquanto que no financiamento isso é de apenas 20%. Então, em segunda análise, será visto a seguir um comparativo das taxas internas de retorno (TIR) das duas opções a fim de considerar o que é desembolsado no início e o que é pago mensalmente.

Para o cálculo da taxa interna de retorno (TIR), deve-se ter o fluxo de caixa da operação completo. Logo, é necessário estimar a valorização do imóvel no período do pagamento. Será adotada a rentabilidade bruta de 1,23% a.m. (valorização do preço do imóvel + aluguel reinvestido), que foi o apresentado nas páginas anteriores.

Isso é necessário porque, na análise anterior, o desembolso inicial no consórcio é maior, apesar de a prestação ser menor em relação ao que acontece para o financiamento imobiliário.

O resultado da análise de TIR das duas opções (consórcio e financiamento) mostra que, considerando valorização de 1,23% a.m. para os imóveis, para que as taxas de retornos sejam iguais, o lance máximo em relação ao total (carta de crédito + taxa de administração) deve ser igual a 31,5% (ou 38% do valor da carta de crédito). A TIR nesse caso fica em torno de 18,85% a.a. para ambas as opções.

As tabelas a seguir mostram isso.

VALOR DA CARTA (IMÓVEL):	248.184,00	
TAXA DE ADMINISTRAÇÃO:	19,50%	
VALOR TOTAL DA CARTA (COM TAXA DE ADMINISTRAÇÃO):	296.579,88	
PRESTAÇÕES (QUANTIDADE DE MESES):	156	
VALOR DA PRESTAÇÃO MENSAL:	1.901,15	
PERCENTUAL DO LANCE:	31,5%	(em relação ao total)
VALOR DO LANCE:	93.422,66	
NOVO PRAZO (MESES), APÓS LANCE:	107	(Prazo reduz e o valor da prestação se mantém)
VALOR LÍQUIDO RECEBIDO DA CARTA:	154.761,34	
FLUXO DE CAIXA CONSÓRCIO:		
DESEMBOLSO:	93.422,66	
VALOR DA CARTA (OU DO IMÓVEL):	248.184,00	
VALOR DO IMÓVEL APÓS O PAGAMENTO:	916.471,22	
GANHO LÍQUIDO INICIAL:	154.761,34	
VALOR DAS PRESTAÇÕES MENSAIS:	1.901,15	
TAXA MENSAL DA OPERAÇÃO:	0,53%	
TAXA ANUAL DA OPERAÇÃO:	6,56%	
FLUXO DE CAIXA FINANCIAMENTO:		
VALOR DO IMÓVEL:	248.184,00	
PERCENTUAL DE ENTRADA:	20%	
VALOR DA ENTRADA:	49.636,80	
VALOR FINANCIADO:	198.547,20	
PRESTAÇÃO (PRICE):	R$2.719,12	
VALOR DO IMÓVEL APÓS O PAGAMENTO:	916.471,22	
TAXA ANUAL DE REFERÊNCIA (CET - FINANCIAMENTO):	9,50%	
TAXA MENSAL DE REFERÊNCIA (FINANCIAMENTO):	0,76%	
VARIAÇÃO HISTÓRICA MENSAL ADOTADA (IMOVEIS)	1,23%	

Se for considerada apenas a valorização dos preços do imóvel (0,73% a.m.), de forma conservadora, o lance máximo deveria ser de 42,5% em relação ao total (carta de crédito + taxa de administração) ou cerca de 51% do valor da carta de crédito. A TIR nesse caso fica em torno de 8,92% a.a. para ambas as opções.

As tabelas a seguir mostram isso.

VALOR DA CARTA (IMÓVEL):	248.184,00	
TAXA DE ADMINISTRAÇÃO:	19,50%	
VALOR TOTAL DA CARTA (COM TAXA DE ADMINISTRAÇÃO):	296.579,88	
PRESTAÇÕES (QUANTIDADE DE MESES):	156	
VALOR DA PRESTAÇÃO MENSAL:	1.901,15	
PERCENTUAL DO LANCE:	42,5%	(em relação ao total)
VALOR DO LANCE:	126.046,45	
NOVO PRAZO (MESES), APÓS LANCE:	90	(Prazo reduz e o valor da prestação se mantém)
VALOR LÍQUIDO RECEBIDO DA CARTA:	122.137,55	
FLUXO DE CAIXA CONSÓRCIO:		
DESEMBOLSO:	126.046,45	
VALOR DA CARTA (OU DO IMÓVEL):	248.184,00	
VALOR DO IMÓVEL APÓS O PAGAMENTO:	476.563,95	
GANHO LÍQUIDO INICIAL:	122.137,55	
VALOR DAS PRESTAÇÕES MENSAIS:	1.901,15	
TAXA MENSAL DA OPERAÇÃO:	0,78%	
TAXA ANUAL DA OPERAÇÃO:	9,82%	
FLUXO DE CAIXA FINANCIAMENTO:		
VALOR DO IMÓVEL:	248.184,00	
PERCENTUAL DE ENTRADA:	20%	
VALOR DA ENTRADA:	49.636,80	
VALOR FINANCIADO:	198.547,20	
PRESTAÇÃO (PRICE):	R$3.060,05	
VALOR DO IMÓVEL APÓS O PAGAMENTO:	476.563,95	
TAXA ANUAL DE REFERÊNCIA (CET - FINANCIAMENTO):	9,50%	
TAXA MENSAL DE REFERÊNCIA (FINANCIAMENTO):	0,76%	
VARIAÇÃO HISTÓRICA MENSAL ADOTADA (IMOVEIS)	0,73%	

Concluindo, em comparação com um financiamento imobiliário, considerando apenas o fluxo financeiro das operações, o lance máximo a ser dado em um consórcio de imóveis para contemplação imediata da carta de crédito é de 31,5% (do valor da carta + taxa de administração) ao se adotar como rentabilidade a valorização histórica dos imóveis somada à rentabilidade com aluguel reaplicado (ou pelo fato de deixar de pagar aluguel), que é de 1,23% a.m.

Se não houver muito otimismo em relação à rentabilidade com imóveis e se considerar, por exemplo, apenas a variação histórica dos seus preços (0,73% a.m.), deixando de lado a parcela de aluguel, de forma conservadora, o lance máximo é de 42,5% em relação ao total (carta de crédito + taxa de administração).

Em magnitude, arredondando os percentuais, podemos dizer que o lance máximo fica em um intervalo da ordem de 30% a 40% do total (carta de crédito + taxa de administração), a depender da expectativa de valorização dos imóveis que o interessado considere. Se for otimista, não dar lance muito superior a 31,5% e, se não for tão otimista, não dar lance muito acima de 42,5%. Caso o tempo vá passando e o investidor não seja contemplado no início, esses percentuais devem ser revistos.

Noções de Fundos de Investimento Imobiliário (FII), Certificados de Recebíveis Imobiliários (CRI) ou de Letras de Crédito Imobiliário (LCI)

Uma maneira de se investir em imóveis e com um pouco mais de liquidez é por meio da compra de quotas de **Fundos de Investimento Imobiliário (FII)** ou de **Certificados de Recebíveis Imobiliários (CRI)** ou de **Letras de Crédito Imobiliário (LCI)**.

O foco nesse guia é o de compra e administração direta do bem real, logo serão explicadas de forma sucinta as características desses tipos de investimento.

Enquanto os FIIs são negociados por meio de *home broker*, como renda variável, os CRIs e as LCIs são aplicações de renda fixa.

Nos FIIs, investidores se reúnem para, juntos, por meio de quotas, comprarem ou construírem um imóvel (há propriedade sobre fração do bem) e passarem a sua administração para um gestor profissional.

Há ainda fundos imobiliários que investem em quotas de outros fundos do setor e/ou em LCIs e CRIs.

No link a seguir consta a lista dos FIIs listados na B3.

http://www.b3.com.br/pt_br/produtos-e-servicos/negociacao/renda-variavel/fundos-de-investimentos/fii/fiis-listados/

Os rendimentos principais dos cotistas de um FII são por meio do rateio dos aluguéis recebidos pela disponibilização do empreendimento (ou das unidades) para locação.

A valorização das quotas e quando os imóveis são vendidos e o fundo é dissolvido também são formas de ganhos por meio dos FIIs, tal como nas negociações de ações de empresas nas bolsas de valores.

Os riscos de um FII são os comuns relacionados à compra e locação de um imóvel, como desvalorização do empreendimento, inadimplência dos locatários e quando os imóveis ficam vazios (não há recebimento de aluguel e há custos fixos com condomínio e IPTU).

Por exemplo, com a pandemia causada pelo Coronavírus, iniciada em 2020, diversos centros comerciais tiveram que fechar suas portas, portanto fundos relacionados à locação de espaços em shoppings centers e de salas corporativas e/ou comerciais tiveram certo prejuízo.

As constantes reestruturações de instituições bancárias, com o fechamento de diversas agências, também impactam negativamente a rentabilidade dos fundos atrelados à locação para esse tipo de pessoa jurídica, coisa que até então era considerada uma das melhores opções nesse tipo de aplicação, visto que os ganhos líquidos ultrapassavam os 0,60% a.m. (como foi visto neste guia, em média, os ganhos com locação residencial ficam entre 0,40% a.m. e 0,50% a.m.).

Já os CRIs e as LCIs são títulos de renda fixa nos quais se recebe o capital aplicado corrigido por um índice de mercado mais uma taxa definida quando da sua aquisição.

Os LCIs são emitidos por bancos/instituições financeiras e a remuneração se dá quando da liquidação do título.

Os CRIs são emitidos por companhias securitizadoras de créditos imobiliários e os rendimentos são recebidos por mês, trimestre, semestre ou ano.

Adquirir um CRI é como comprar títulos de dívidas de aluguéis e financiamentos, por exemplo.

Há, portanto, risco de crédito caso haja inadimplência nos recebimentos da companhia securitizadora.

Em todos os casos o lastro dos imóveis físicos serve como garantia em situações de não pagamento.

Há isenção de IR para os FIIs, CRIs e LCIs, à exceção de eventual lucro com a valorização quando uma quota de FII é vendida (há tributação de 20% sobre o ganho).

Anexo 1: Comparação de rentabilidades históricas:
IBOVESPA x SELIC x IMÓVEIS x IPCA

Como mostrado neste guia, a valorização de um imóvel associada à rentabilidade do seu aluguel pode igualar ou superar a variação da taxa Selic (historicamente), no longo prazo.

No gráfico a seguir, consta a variação de imóveis apenas para vendas. A consideração do aluguel, que faz a rentabilidade total dos imóveis superar a Selic historicamente, será explicada na sequência.

Aqui será incluída na comparação a variação histórica do IBOVESPA (renda variável).

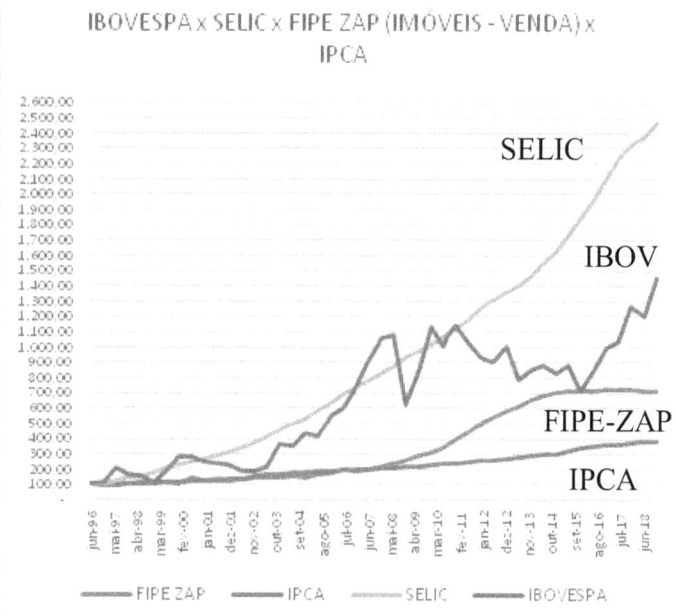

Desconsiderando o período altamente inflacionário, anterior a 1995, que distorce muito os índices aqui mostrados, tem-se que, de 1996 a 2018, os imóveis valorizaram mais de 600% (índice Fipe Zap - Venda) e a Selic valorizou mais de 2.300%. O IBOVESPA valorizou mais de 1350%. A inflação no período (IPCA) foi de quase 300%.

Das informações da tabela ao final, aplicando-se R$ 100,00 em imóveis em jun/1996, ter-se-ia R$ 721,25 após 270 meses, ou seja, uma valorização de 621,55% no período, que corresponde a 0,73% a.m. (= 1 + $6,2155)^{1/270} - 1$) ou 9,18% a.a.

Se fossem aplicados R$ 100,00 em taxa Selic em jun/1996, ter-se-ia R$ 2.467,47 após 270 meses, ou seja, uma valorização de 2.367,47% no período, que corresponde a 1,19% a.m. (= 1 + $23,6747)^{1/270} - 1$) ou 15,31% a.a.

Se fossem aplicados R$ 100,00 em IBOVESPA em jun/1996, ter-se-ia R$ 1.454,14 após 270 meses, ou seja, uma valorização de 1.354,14% no período, que corresponde a 1,00% a.m. (= 1 + $13,5414)^{1/270} - 1$) ou 12,63% a.a.

A inflação no período (IPCA) foi de 284,71%, que corresponde a 0,50% a.m ou 6,17% a.a.

Considerando-se que a rentabilidade de um imóvel alugado é em média de 0,50% a.m., ter-se-ia uma valorização extra de 284,45% no período (= $1,005^{270}$ – 1).

Se os aluguéis recebidos são reinvestidos em imóveis, a rentabilidade total no período seria de 2.673,98% [= (1 + 6,2155) x (1 + 2,8445) – 1], que seria superior ao rendimento da taxa Selic entre jun/1996 e dez/2018, de 2.367,47% (= 1,19% a.m.).

A rentabilidade mensal histórica de um investimento em imóveis (considerando o aluguel) é, portanto, de 1,23% a.m. (= 1,0073 x 1,0050 – 1) ou 15,85% a.a., sem descontar a inflação.

Fazendo a conta contrária, para calcular quanto em média deveria ser a rentabilidade mensal do aluguel para se igualar a Selic histórica (2.367,47% a.p. ou 1,19% a.m.), tem-se:

$$(1,0073 \text{ x Fator}_{aluguel}) - 1 = 1,19\%$$

$$\text{Fator}_{aluguel} = 1,0119 / 1,0073 = 1,0046$$

$$\% \text{ aluguel} = \text{Fator}_{aluguel} - 1 = \textbf{0,46\% a.m.}$$

Esse percentual é próximo daquele informado ao longo do guia, que varia entre 0,40% a.m. e 0,50% a.m., a depender do tipo do imóvel.

O que deve ser chamado a atenção é que há um risco no mercado imobiliário e que a manutenção de um imóvel exige muitos cuidados e tempo, mas, se o imóvel for pequeno, bem localizado, bem administrado e adquirido para longo prazo, há boas chances de se conseguir rentabilidade total pelo menos próxima à Selic, sendo essa rentabilidade potencializada em momentos em que a taxa de juros básica da economia estiver baixa (que é o caso em 2021: Selic = 2,75% a.a.).

Os exemplos dados servem inclusive para quem compra um imóvel para morar, porque o aluguel que está sendo deixado de pagar em outro imóvel semelhante é considerado no fluxo de caixa do investimento como um rendimento.

Nesses exemplos, não estão sendo consideradas as especificidades dos imóveis e as suas regiões, adotando-se um índice nacional e geral, os pagamentos de tributos sobre lucros e o não recebimento de aluguéis por inadimplência ou desocupação.

O percentual mensal do aluguel igual a 0,46% é uma média necessária para se chegar à mesma variação da Selic.

Quanto ao IBOVESPA, este ficaria em 3º lugar, com valorização histórica mensal de 1,00% e anual de 12,63%.

Olhando-se para trás, em uma análise simples desses dados, o investimento em renda fixa atrelado à Selic seriam os melhores de todos, haja vista a praticidade da operação e do baixo risco.

Levando-se em conta que a Selic está em março de 2021 em 2,75% a.a., valeria a pena nesse momento investir em imóveis ou em renda variável, que têm risco bem maior?

Isso é uma decisão de cada um. Deve-se avaliar o Risco x Retorno de cada operação. Se o investidor é avesso ao risco, que fique em renda fixa e garanta seu rendimento. Se o investidor quer tentar ganhar mais, que vá para o mercado imobiliário ou de renda variável (financeiro), mas saiba dos riscos que está correndo.

No "Guia fácil para operar no mercado financeiro: Teoria das Carteiras" é bem detalhado como avaliar risco x retorno de uma carteira de ativos. Tal guia encontra-se em:

https://www.amazon.com.br/dp/B08ZH54PLG

Anexo 2: percentuais históricos ideais para uma carteira de ativos que contenha investimentos em Selic, Dólar, IPCA, Imóveis e Ações

Aqui serão mostrados quais são os percentuais históricos ideais para uma carteira de ativos que contenha investimentos em Selic, Dólar, IPCA, Imóveis e Ações, tudo com foco na minimização da volatilidade da carteira como um todo ou na maximização do seu retorno.

Tal como informado no anexo anterior, no "Guia fácil para operar no mercado financeiro: Teoria das Carteiras" é bem detalhado como avaliar risco x retorno de uma carteira de ativos. Tal guia encontra-se em:

https://www.amazon.com.br/dp/B08ZH54PLG

Será visto que se o investidor tivesse 40% da sua carteira aplicados em Selic, 40% aplicados em IPCA, 16,4% aplicados em imóveis, 1,3% aplicados em Ibovespa e 2,3% aplicados em dólares, entre jun/1996 e dez/2018, ele teria obtido um desempenho com retorno de 10,38% a.a. e uma volatilidade (risco) do portfólio otimizada (minimizada) em apenas 4,08% a.a.

E, se o investidor tivesse 40% da sua carteira aplicados em Selic, 0% aplicados em IPCA, 42,3% aplicados em imóveis, 6,1% aplicados em Ibovespa e 11,7% aplicados em dólares, no mesmo período, ele teria obtido um retorno otimizado (maximizado) de 12,04% a.a., com uma volatilidade (risco) do portfólio de 7,95%%.

Como comparativo, se ele tivesse aplicado em apenas um desses ativos, teria tido a seguinte relação risco x retorno entre jun/1996 e dez/2018:

	Média (a.a.)	Volatilidade (a.a.)
IPCA	6,1%	2,3%
Selic	15,1%	4,6%
Imóveis	9,5%	10,6%
Dólar	8,0%	20,5%
Ibovespa	18%	34,8%

Os valores da tabela diferem um pouco daqueles do anexo anterior, porque naquele anexo foi calculada a taxa contínua, com base nos valores inicial e final de cada item. Na tabela, os dados foram obtidos por meio da média de todo o histórico semestral de dados, anualizado.

É de costume alguém falar por aí ou ler em notícias sobre finanças para não colocar os mesmos ovos na mesma cesta, seja para investimentos no curto ou no longo prazo, porque isso reduz a volatilidade (risco).

E escuta-se ainda alguém indicar "ah, para longo prazo, aplique, por exemplo, 50% em renda fixa, 30% em ações, 10% em fundos imobiliários e 10% em dólares" ou "tenha 40% do seu patrimônio aplicado em imóveis, 30% aplicados em ações e 30% aplicados no Tesouro Direto IPCA 2035" etc, sem mostrar o porquê desses valores.

Então, aqui, será dada uma noção das proporções históricas de cada um desses ativos, de acordo com a relação risco x retorno assumida. Ficará a critério do leitor aplicar ou não tais percentuais em seus investimentos de longo prazo. Muitas das vezes isso é uma decisão muito particular.

Não necessariamente os retornos e volatilidades informados adiante se repetirão, até porque a estimativa da Selic no longo prazo é de estabilização, mas será possível ter uma noção de como esses ativos se correlacionam e de como podem variar no tempo de acordo com os rumos da economia.

Para fazer as contas do risco x retorno desses ativos no Excel, por meio da Teoria de Markowitz (visto no "Guia fácil para operar no mercado financeiro: Teoria das Carteiras"), são utilizados os dados que estão no final do anexo (cotações semestrais).

O gráfico que mostra a evolução semestral dos índices entre jun/1996 e dez/2018 é o seguinte:

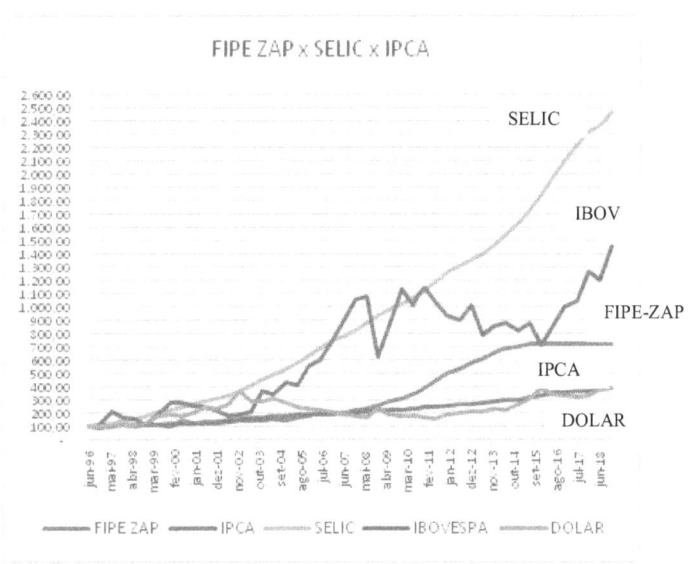

Do gráfico, há algum tempo, o dólar praticamente acompanha a inflação (IPCA) e em 270 meses teve praticamente a mesma rentabilidade. É isso que falam por aí, mas ninguém mostra os dados.

Em ordem crescente de volatilidade histórica, as carteiras contendo percentuais de aplicações em Selic, IPCA, Imóveis, Ibovespa e Dólar, com os respectivos retornos históricos (entre jun/1996 e dez/2018) são:

CARTEIRA	PERCENTUAIS NA CARTEIRA					RETORNO DA CARTEIRA (a.a.)	RISCO DA CARTEIRA (a.a.)	
	SELIC	IPCA	IMOVEIS	IBOVESPA	DOLAR			
1	40,0%	40,0%	16,4%	1,3%	2,3%	10,38%	4,08%	(menor risco)
2	30,0%	40,0%	22,8%	2,6%	4,7%	9,91%	4,59%	
3	40,0%	30,0%	22,9%	2,5%	4,6%	10,80%	4,88%	
4	20,0%	40,0%	29,1%	3,8%	7,1%	9,43%	5,35%	
5	30,0%	30,0%	29,2%	3,8%	7,0%	10,31%	5,56%	
6	40,0%	20,0%	29,3%	3,7%	7,0%	11,22%	5,82%	
7	10,0%	40,0%	35,4%	5,1%	9,5%	8,95%	6,28%	
8	20,0%	30,0%	35,5%	5,0%	9,4%	9,85%	6,40%	
9	30,0%	20,0%	35,7%	4,9%	9,4%	10,73%	6,61%	
10	40,0%	10,0%	35,8%	4,9%	9,3%	11,64%	6,85%	
11	0,0%	40,0%	41,7%	6,4%	11,9%	8,47%	7,31%	
12	10,0%	30,0%	41,9%	6,3%	11,8%	9,37%	7,37%	
13	20,0%	20,0%	42,0%	6,2%	11,8%	10,25%	7,52%	
14	30,0%	10,0%	42,1%	6,1%	11,7%	11,15%	7,70%	
15	40,0%	0,0%	42,3%	6,1%	11,7%	12,04%	7,95%	(maior retorno)
16	0,0%	30,0%	48,2%	7,6%	14,2%	8,89%	8,43%	
17	10,0%	20,0%	48,3%	7,5%	14,2%	9,79%	8,51%	
18	20,0%	10,0%	48,5%	7,4%	14,1%	10,67%	8,66%	
19	30,0%	0,0%	48,6%	7,3%	14,1%	11,58%	8,85%	
20	0,0%	20,0%	54,6%	8,8%	16,6%	9,31%	9,60%	
21	10,0%	10,0%	54,8%	8,7%	16,5%	10,19%	9,68%	
22	20,0%	0,0%	54,9%	8,6%	16,5%	11,09%	9,83%	
23	0,0%	10,0%	61,1%	10,0%	18,9%	9,73%	10,78%	
24	10,0%	0,0%	61,2%	9,9%	18,9%	10,61%	10,88%	
25	0,0%	0,0%	67,6%	11,2%	21,2%	10,12%	11,98%	

Com base na tabela, chama-se a atenção que, se for analisado corretamente, será visto que nem sempre a carteira de menor risco terá o menor retorno. Ou que a de maior retorno terá o maior risco.

Veja, por exemplo, a carteira 1, de menor risco, com retorno anual de 10,38%. Há 14 outras carteiras com risco maior que o da carteira 1 e com retorno anual menor, utilizando os mesmos ativos em diferentes proporções do total.

Com base nas correlações entre os retornos de cada ativo, é possível otimizar a relação risco x retorno da carteira. O ideal, que está mostrado no "Guia fácil para operar no mercado financeiro: Teoria das Carteiras", é que as correlações entre os ativos sejam inferiores a 0,7 para que a otimização do portfólio seja eficiente. O melhor é que sejam negativas.

Concluindo, no que o investidor vai aplicar daqui para frente (e em que proporção) dependerá de quanto de risco ele está propenso a assumir, de acordo com os retornos, e em qual ativo ele está apostando mais no momento, pensando no longo prazo. Essa tabela pode lhe ajudar nessa tomada de decisão, para se ter uma ideia de como os índices variaram ao longo do tempo com as situações econômicas históricas.

Dados utilizados:

COTAÇÃO					Retorno (a.s.)				
IMOV EIS	IBOVE SPA	DOLAR	IPC A	SELI C	IMOV EIS	IBOVE SPA	DOL AR	IPC A	SEL IC
01/06/1996 100,00	100,00	100,00	100,00	100,00					
01/12/1996 91,67	116,48	103,73	102,82	109,68	-8,33%	16,48%	3,73%	2,82%	9,68%
01/06/1997 96,25	207,95	107,29	107,02	120,99	5,00%	78,53%	3,43%	4,09%	10,31%
01/12/1997 108,09	168,72	111,26	108,19	141,01	12,30%	-18,87%	3,70%	1,09%	16,55%
01/06/1998 104,31	160,13	115,34	110,67	158,23	-3,50%	-5,09%	3,66%	2,29%	12,21%
01/12/1998 108,78	112,25	120,34	109,98	179,78	4,29%	-29,90%	4,34%	-0,62%	13,62%
01/06/1999 115,58	192,38	178,65	114,34	207,63	6,25%	71,39%	48,46%	3,96%	15,49%
01/12/1999 105,35	282,80	184,73	119,82	226,19	-8,86%	47,00%	3,40%	4,79%	8,94%
01/06/2000 141,71	276,77	180,52	121,78	247,16	34,52%	-2,13%	-2,28%	1,64%	9,27%
01/12/2000 124,90	252,47	196,49	126,97	266,90	-11,87%	-8,78%	8,84%	4,26%	7,99%
01/06/2001 123,25	240,90	240,43	130,73	286,73	-1,32%	-4,58%	22,37%	2,96%	7,43%
01/12/2001 125,62	224,66	238,04	136,72	312,62	1,92%	-6,74%	-0,99%	4,58%	9,03%
01/06/2002 131,00	184,30	271,40	140,74	339,78	4,28%	-17,96%	14,01%	2,94%	8,69%
01/12/2002 145,55	186,44	372,86	153,85	371,67	11,11%	1,16%	37,38%	9,31%	9,38%
01/06/2003 148,81	214,65	285,27	164,06	415,89	2,24%	15,13%	-23,49%	6,64%	11,90%
01/12/2003 148,81	367,91	292,49	168,16	459,24	0,00%	71,40%	2,53%	2,49%	10,42%
01/06/2004 151,61	349,92	313,33	174,01	493,95	1,89%	-4,89%	7,12%	3,48%	7,56%
01/12/2004 143,15	433,43	274,67	180,94	532,53	-5,58%	23,86%	-12,34%	3,98%	7,81%
01/06/2005 162,38	414,48	244,18	186,65	580,06	13,44%	-4,37%	-11,10%	3,16%	8,92%
01/12/2005 179,91	553,55	229,23	191,23	633,81	10,80%	33,55%	-6,13%	2,45%	9,27%
01/06/2006 197,73	606,08	228,11	194,17	693,55	9,90%	9,49%	-0,49%	1,54%	9,43%
01/12/2006 188,21	735,85	214,38	197,24	741,27	-4,81%	21,41%	-6,02%	1,58%	6,88%
01/06/2007 199,62	899,95	190,68	201,34	783,97	6,06%	22,30%	-11,05%	2,08%	5,76%
01/12/2007 219,25	1.057,03	179,32	206,03	827,90	9,84%	17,45%	-5,96%	2,33%	5,60%
01/06/2008 239,80	1.075,76	163,43	213,54	873,77	9,37%	1,77%	-8,86%	3,64%	5,54%
01/12/2008 260,70	621,29	236,55	218,19	931,50	8,72%	-42,25%	44,73%	2,18%	6,61%
01/06/2009 287,37	851,52	194,29	223,79	979,92	10,23%	37,06%	-17,86%	2,57%	5,20%

Data										
01/12/2009	316,96	1.134,83	175,31	227,60	1.022,74	10,30%	33,27%	- 9,77%	1,70%	4,37%
01/06/2010	348,21	1.008,22	179,44	234,62	1.066,58	9,86%	-11,16%	2,36%	3,09%	4,29%
01/08/2010	362,01	1.077,86	176,89	234,74	1.079,49	3,96%	6,91%	1,42%	0,05%	1,21%
01/12/2010	393,01	1.146,69	169,63	241,05	1.122,03	8,56%	6,39%	4,11%	2,69%	3,94%
01/06/2011	448,20	1.032,51	159,36	250,37	1.185,61	14,04%	-9,96%	6,05%	3,87%	5,67%
01/12/2011	498,96	939,03	185,81	256,72	1.252,66	11,33%	-9,05%	16,60%	2,54%	5,66%
01/06/2012	537,16	899,34	204,12	262,68	1.307,27	7,66%	-4,23%	9,86%	2,32%	4,36%
01/12/2012	577,71	1.008,49	208,09	271,71	1.355,91	7,55%	12,14%	1,94%	3,44%	3,72%
01/06/2013	612,08	785,20	213,35	280,27	1.402,60	5,95%	-22,14%	2,53%	3,15%	3,44%
01/12/2013	658,08	852,21	233,19	287,77	1.468,38	7,51%	8,53%	9,30%	2,68%	4,69%
01/06/2014	687,09	879,70	223,14	298,55	1.543,94	4,41%	3,22%	4,31%	3,75%	5,15%
01/12/2014	706,33	827,40	266,77	306,21	1.632,38	2,80%	-5,95%	19,56%	2,57%	5,73%
01/06/2015	721,85	878,26	309,90	325,11	1.737,12	2,20%	6,15%	16,17%	6,17%	6,42%
01/12/2015	721,48	717,25	386,45	338,89	1.850,23	-0,05%	-18,33%	24,70%	4,24%	6,51%
01/06/2016	721,77	852,55	347,16	353,86	1.975,77	0,04%	18,86%	10,17%	4,42%	6,79%
01/12/2016	724,81	996,49	337,79	360,20	2.103,83	0,42%	16,88%	2,70%	1,79%	6,48%
01/06/2017	725,17	1.040,72	327,87	364,47	2.228,97	0,05%	4,44%	2,94%	1,18%	5,95%
01/12/2017	723,00	1.264,12	331,26	370,82	2.320,16	-0,30%	21,47%	1,04%	1,74%	4,09%
01/06/2018	721,84	1.203,91	376,81	380,47	2.372,75	-0,16%	-4,76%	13,75%	2,60%	2,27%
01/12/2018	721,55	1.454,14	390,31	384,71	2.467,47	-0,04%	20,79%	3,58%	1,11%	3,99%
média (a.s.)						4,65%	8,61%	3,94%	2,99%	7,27%
desvio (a.s.)						7,51%	24,62%	14,47%	1,66%	3,22%

Covariâncias

	IMOVEIS	IBOVESPA	DOLAR	IPCA	SELIC
IMOVEIS	0,00564	-0,00292	-0,00045	-0,00014	0,00000
IBOVESPA	-0,00292	0,06062	-0,00672	0,00046	0,00126
DOLAR	-0,00045	-0,00672	0,02094	0,00048	0,00077
IPCA	-0,00014	0,00046	0,00048	0,00028	0,00007
SELIC	0,00000	0,00126	0,00077	0,00007	0,00103

Correlações

	IMOVEIS	IBOVESPA	DOLAR	IPCA	SELIC
IMOVEIS	1,00000	-0,15767	-0,04178	-0,11373	-0,00152
IBOVESPA	-0,15767	1,00000	-0,18861	0,11133	0,15911
DOLAR	-0,04178	-0,18861	1,00000	0,20133	0,16450

IPCA	-0,11373	0,11133	0,20133	1,00000	0,12975
SELIC	-0,00152	0,15911	0,16450	0,12975	1,00000

Anexo 3: análise financeira do pagamento das prestações do financiamento imobiliário com o aluguel recebido e se é vantajoso financiar um imóvel

Aqui serão tratados dois assuntos, que se inter-relacionam:

1) se é vantajoso pagar as prestações do financiamento imobiliário com o aluguel recebido; e

2) se é vantajoso financiar um imóvel.

A resposta é **sim** para ambos, desde que se invista para o longo prazo e acredite que as rentabilidades históricas com imóveis se manterão, que se privilegiem imóveis pequenos, que haja disciplina no pagamento das prestações, que se tenha noção de que, na média, o mercado de imóveis é de baixa liquidez, que haja paciência e dedicação na administração de contratos de aluguel e, o principal: <u>**que a Selic se mantenha baixa no longo prazo, pois serão com ela os comparativos**</u>.

Esses assuntos viram e mexem aparecem em notícias sobre finanças e economia, mas ninguém mostra ao certo como pode ser feita a análise e quase todos ficam em cima do muro sobre a resposta. Será tentado então mostrar aqui com dados reais e de uma forma bem simples como se pode fazer essa avaliação.

O foco aqui é matemático-financeiro. Logo, projeções econômicas de médio e longo prazo que alterem as premissas podem impactar nas decisões, por isso a conclusão de investimento é 100% de cada um.

Veja-se o exemplo:

Suponhamos que um investidor queira comprar um imóvel (pequeno) por R$ 300 mil e tenha 100% do dinheiro disponível para esse investimento mais R$ 90 mil para pagar tributos e mobiliar o imóvel.

Se, nas negociações, o vendedor não sinalizar um bom desconto para a possibilidade de pagamento à vista, o investidor resolve cotar a prestação de um financiamento imobiliário que cubra certo saldo devedor.

Para que a análise seja mais intuitiva, será mostrada aqui a opção de financiamento imobiliário pelo Sistema Price (com prestações constantes) e de 50% do valor do imóvel, pois assim a prestação do financiamento fica algo entre 0,5% e 0,6% do valor do imóvel, ou seja, o valor da prestação fica próximo ao valor do aluguel a receber (para imóveis pequenos).

Digamos que, para uma simulação num site de uma instituição bancária, com a finalidade de financiar um imóvel de R$ 300 mil pelo Sistema Price, o valor máximo que o banco financiaria fosse de R$ 150 mil (50%), o prazo máximo fosse de 20 anos e a menor prestação inicial fosse de R$ 1.376,50 (CET de 9,68% a.a., taxa essa próxima ao ponto médio de história recente). De forma conservadora, será considerada a TR na correção do saldo devedor (TR histórica = 2,57% a.a.*) e, assim, a prestação do financiamento imobiliário ficaria **FIXA** em cerca de R$ 1.635,00/mês, que corresponderia a um custo efetivo total (CET) de 12,50% a.a.

Essa análise é conservadora ainda pelo fato de a TR ter ficado zerada nos últimos anos (ref. 2021), por conta da

Selic abaixo de 8,50% a.a. Se essas condições assim permanecerem (Selic baixa), a rentabilidade com imóveis será maior, porque a prestação **FIXA** admitida nos cálculos, a qual considera a TR histórica de 2,57% a.a., será na realidade de R$ 1.376,50, se TR = 0,00% a.a.

A prestação de R$ 1.635,00/mês corresponde a quase 0,55% do valor do imóvel (R$ 300 mil).

*No site do Bacen, na calculadora do cidadão, a TR variou +77% entre jun/1996 e dez/2018 (270 meses), período utilizado para verificar as variações dos imóveis e Selic ao longo deste guia, as quais serão aqui utilizadas. Isso corresponde a 0,20% a.m. ou 2,57% a.a. Aplicando-se esse fator ao CET calculado com base na prestação inicial, o CET final fica em 12,50% (= 1, 0968 x 1,0257 – 1).

E é possível conseguir essa rentabilidade mensal líquida de 0,55% com aluguel?

A resposta é **SIM**, desde que seja um imóvel pequeno, com alto padrão de qualidade, com condomínio com boa infraestrutura (piscina, academia, sauna etc) e portaria 24h, bem localizado, com bons armários, boa mobília e bons eletrodomésticos.

Logo, a análise será pautada para esse tipo de imóvel e será admitida como coerente e real a rentabilidade média líquida de 0,55% a.m. com aluguel. Para imóveis maiores, que rentabilizem menos de 0,55% a.m., as contas devem ser adaptadas, mas ainda assim pode ser vantajoso caso a rentabilidade da Selic seja inferior ao seu valor histórico, porém com retorno um pouco menor.

As comparações práticas que serão feitas são as seguintes em relação ao que rende mais em 20 anos admitindo que as rentabilidades históricas se manterão:

1) R$ 150 mil investidos em um imóvel que valha R$ 300 mil, com custo extra de R$ 45 mil, financiando os outros R$ 150 mil e pagando a prestação correspondente com o aluguel recebido, amortizando o saldo devedor com as sobras de aluguel, ou esses R$ 195 mil (R$ 150 mil + R$ 45 mil) aplicados em Selic?; e

2) dos R$ 390 mil disponíveis, investir à vista R$ 345 mil em 1 imóvel e aplicar em Selic os alugueis e os R$ 45 mil restantes, ou investir R$ 300 mil na compra de 2 imóveis, com custo extra de R$ 90 mil para os dois, totalizando R$ 390 mil, mas dando de entrada R$ 300 mil nos dois e financiando os R$ 300 mil restantes (2 x R$ 150 mil), recebendo aluguel e amortizando o saldo devedor com as sobras do aluguel?

Análise da Questão 1):

Dos anexos anteriores, foi mostrado que entre jun/1996 e dez/2018 a Selic rendeu 15,31% a.a. ou 1,19% a.m. e os imóveis (venda + aluguel) valorizaram 15,85% a.a. ou 1,23% a.m. Se considerarmos apenas os valores de venda, os imóveis valorizaram 9,18% a.a. ou 0,73% a.m. O IPCA aumentou 6,17% a.a. ou 0,50% a.m. Esse é um índice de correção do aluguel.

Para o imóvel, apenas os R$ 300 mil se valorizam (os R$ 45 mil extras foram custos pontuais que não se valorizam no tempo). No primeiro mês, o aluguel recebido de quase R$ 1.635,00 servirá para pagar a 1ª prestação, de mesmo valor. Nesse 1ª mês, o imóvel valorizará 0,73% e passará a valer R$ 302.190,00. O aluguel não se alterará por 12 meses, conforme os contratos de locação, então não haverá nesse período sobras de aluguel em relação ao valor pago na prestação habitacional. Após 12 meses, o aluguel é corrigido pela inflação (IPCA histórico = 0,5% a.m.). Será admitido que os contratos durem em média 24 meses, então, após os 12 primeiros meses, a correção é pelo IPCA e, após os 12 meses seguintes, a correção é pelo valor de mercado, em contrato novo, ou seja, aplica-se os 0,55% sobre o valor de mercado do imóvel e adota-se esse novo aluguel por 12 meses e assim sucessivamente.

Então, após os 12 primeiros meses, o aluguel passará a valer R$ 1.735,36 (= 1635,00 x $1,005^{12}$), pois é corrigido pelo IPCA anual.

Agora sobrará R$ 100,81/mês após receber o aluguel e pagar a prestação, que é FIXA ao admitirmos a TR histórica na sua conta.

Esses R$ 100,81 serão utilizados para amortizar o saldo devedor durante 12 meses, até que a correção do aluguel seja feita à mercado (pois admitimos que em média os contratos durarão 24 meses). Então todo mês deve ser emitido um boleto de amortização desse valor. E assim sucessivamente, conforme a tabela a seguir.

MÊS	VALOR IMÓVEL	PRESTAÇÃO HAB	JUROS CONTRATUAIS	AMORTIZAÇÃO CONTRATUAL	ALUGUEL	DIFERENÇA, PARA ABATER SALDO DEVEDOR (AMORTIZAÇÃO EXTRA)	SALDO DEVEDOR
0	300.000,00						150.000,00
1	302.190,00	R$1.634,54	1.479,54	155,00	1.634,54	-	149.845,00
2	304.395,99	R$1.634,54	1.478,01	156,53	1.634,54	-	149.688,46
(...)	(...)	(...)	(...)	(...)	(...)	(...)	(...)
12	327.361,24	R$1.634,54	1.461,86	172,68	1.634,54	-	148.035,64
13	329.750,98	R$1.634,54	1.460,16	174,38	1.735,36	100,81	147.760,44
14	332.158,16	R$1.633,43	1.457,45	175,98	1.735,36	101,93	147.482,53
(...)	(...)	(...)	(...)	(...)	(...)	(...)	(...)
24	357.217,95	R$1.621,50	1.428,79	192,71	1.735,36	113,86	144.548,12
25	359.825,64	R$1.620,22	1.425,76	194,46	1.946,29	326,07	144.027,59
(...)	(...)	(...)	(...)	(...)	(...)	(...)	(...)
111	676.014,88	R$90,61	65,32	25,29	3.488,49	3.397,88	3.198,68
112	684.419,48	R$43,94	31,55	12,39	3.488,49	3.444,55	-258,26

Da tabela, após 112 meses, o imóvel estaria quitado e valendo R$ 684.419,48 mil. Ainda sobrariam R$ 258,26. Ou seja, a aplicação inicial de R$ 195 mil virou esse montante. A rentabilidade é de 14,40% a.a., para 112 meses. É uma boa rentabilidade, mas não superaria a Selic histórica, de 15,31% a.a., com risco baixo, alta liquidez e que dá menos trabalho. Se investidos na Selic, os R$ 195 mil virariam R$ 733 mil após 112 meses. Imóveis têm um risco histórico de quase 11% a.a., baixa liquidez e exigem paciência na administração de contratos de locação.

Análise da Questão 2):

Para responder à questão 2) será considerado o mesmo prazo da análise anterior em que o imóvel é quitado, ou seja, 112 meses.

Se aplicarmos R$ 345 mil à vista em um imóvel e quisermos receber aluguel de 0,55% a.m. para aplica-lo em Selic, e, ainda, aplicarmos os R$ 45 mil restantes em Selic, teríamos, após 112 meses:

- para o imóvel: R$ 684.419,48 (ver análise 1);

- para os R$ 45 mil em Selic: R$ 169.286,86; e

- para os aluguéis recebidos e aplicados em Selic: R$ 507.713,40.

Total = R$ 684.419,48 + R$ 169.286,86 + R$ 507.713,40

Total = R$ 1.361.419,71

Vimos na análise 1) que teríamos para 1 imóvel o valor de R$ 684.419,48 após 112 meses, caso financiássemos 50% do seu valor e utilizássemos a sobra de aluguel na amortização do saldo devedor. Logo, se tivéssemos feito isso com 2 imóveis, teríamos um valor final total de **R$ 1.368.838,91** ao final de 112 meses nessas condições. É um valor praticamente igual a pagar à vista 1 imóvel e aplicar alugueis e dinheiro extra (R$ 45 mil) em Selic.

Conclusão:

Aplicando-se R$ 195 mil em Selic <u>histórica</u> teríamos cerca de **R$ 733 mil** após 112 meses (15,31% a.a.). E, aplicando-se o mesmo valor em um imóvel financiado e utilizando o aluguel para pagar as prestações e amortizar "extra" o saldo devedor, teríamos **R$ 684 mil** (14,40% a.a.) nesse prazo, se considerarmos a valorização <u>histórica</u> dos imóveis e a rentabilidade de <u>mercado</u> para o aluguel. Ou seja, aplicar em Selic é um pouco mais vantajoso do que comprar imóvel financiado e pagar as prestações imobiliárias com o aluguel recebido, admitindo valores históricos.

Em outra análise, comprando um imóvel de R$ 345 mil e aplicando os aluguéis recebidos e mais R$ 45 mil em Selic <u>histórica</u>, teríamos **R$ 1.361.419,71** após 112 meses. E, aplicando-se R$ 390 mil na compra de dois imóveis financiados e utilizando os aluguéis para pagar as prestações e amortizar "extra" o saldo devedor, teríamos **R$ 1.368.838,91** após 112 meses. Ou seja, pagar à vista ou financiar o imóvel resulta quase na mesma coisa com os valores históricos de Selic e imóveis.

Em magnitude, as rentabilidades seriam muito próximas em ambas as análises, mas é muito mais prático e seguro aplicar em Selic do que em imóveis. Porém, para o mercado, a Selic sinaliza em ficar abaixo de 10% a.a. no longo prazo, o que tornaria o investimento em imóveis mais atraente, caso as valorizações históricas se mantenham.

Ainda, com dados históricos, o investimento em um imóvel financiado teria uma vantagem superior à Selic caso o investidor morresse ou ficasse inválido até um pouco antes de 112 meses, pois o seguro contratual quitaria de forma antecipada o saldo devedor para o bom proveito dos seus herdeiros e isso aumentaria a rentabilidade, podendo ultrapassar a rentabilidade da Selic. Mas ninguém quer isso, certo? Fica só o comentário.

Se o investidor acessar o sítio da ANBIMA (Associação Brasileira das Entidades dos Mercados Financeiro e de Capitais) em www.anbima.com.br/pt_br/informar/curvas-de-juros-fechamento.htm, poderá observar os dados para as curvas de juros DI, a termo e *spot*.

Ou o investidor pode consultar o "Guia fácil para operar no mercado financeiro: Derivativos: Futuros, Termos e Swaps" em https://www.amazon.com.br/dp/B08ZC4WJ6V e, com base nos PUs ajustados, retirados do site da B3, pode montar por conta própria as curvas DI, a termo e *spot* para as devidas análises.

Dos dados consultados em março 2021, o contrato mais longo era o de jan/2033. Para o prazo de 112 meses em relação a março 2021, cair-se-ia em 2030, logo a curva abrange esse período. A taxa DI máxima era de 9,18%

a.a., que é da ordem da variação histórica dos preços (apenas) dos imóveis, por coincidência.

Ter-se-ia nesse caso uma "gordura" no investimento de imóveis que seria o aluguel recebido, cerca de 0,5% a.m. extras.

Para essa taxa DI, os investimentos das análises 1) e 2) retornariam respectivamente **R$ 440 mil** (ante R$ 733 mil) e **R$ 1.175,953,90** (ante R$ 1.361.419,71).

Os imóveis, repetindo os valores, valeriam para cada análise, respectivamente, **R$ 684 mil** e **R$ 1.368.838,91**, considerando-se as rentabilidades históricas.

Aqui, de forma conservadora na análise da rentabilidade imobiliária, foi mantida a TR histórica de 2,57% a.a. na correção do saldo devedor dos financiamentos, mesmo que ela tenda a ficar mais baixa com a Selic projetada inferior à Selic histórica.

Logo, as grandes questões para se tomar uma decisão são: a Selic realmente não passará de 10% no longo prazo? Os imóveis continuarão a se valorizar 0,73% a.m.? O investidor conseguirá uma rentabilidade líquida com aluguel de cerca de 0,55% a.m. sobre o valor do imóvel? O investidor terá disciplina para pagar a prestação do imóvel? O investidor terá paciência para administrar um contrato de aluguel?

É esperado que essas ponderações ajudem o investidor na tomada de decisão.

É muito mais prático e seguro aplicar em Selic historicamente, mas com taxas baixas atualmente (ref.

2021), imóveis podem ser uma boa oportunidade, considerando ainda os estoques das incorporadoras e preços estabilizados há um bom tempo.

Ambos são muito bons investimentos de longo prazo historicamente, mas a decisão é do investidor, porque o futuro ninguém prevê e, como em todo investimento, não é possível projetar sem risco as rentabilidades reais.

O importante é o investidor conhecer o risco e o retorno de cada possibilidade para poder decidir se entra, se se mantém ou se sai de um investimento.

Com uma boa percepção por parte do investidor sobre o cenário macroeconômico do país, talvez essas escolhas possam ser facilitadas.

Bibliografia

www.melhortaxa.com.br;

www.b3.com.br;

www.caixa.gov.br;

www.airbnb.com.br;

www.booking.com;

www.valorinveste.globo.com;

www.fipezap.zapimoveis.com.br;

www.fipe.org.br/pt-br/indices/fipezap/#fipezap-historico;

www.ibge.gov.br;

www.bcb.gov.br;

www.anbima.com.br;

www.onfly.com.br;

Rissato, Flavio. Guia fácil para operar no mercado financeiro (diversos volumes). 2021. Kindle (www.amazon.com.br).